978-1-62265-916-6 (online) 978-1-62265-917-3 (paper)
Snow without trace by Liu Yong

大雪无痕：一个抗美援朝志愿军战士的后半生经历

Snow without trace: postwar experience of a Korean War volunteer soldier

刘 永

Liu Yong

978-1-62265-916-6 (online) 978-1-62265-917-3 (paper) Snow without trace by Liu Yong.

The book is published by IISTE, International Institute for Science, Technology and Education in United States. Copyrights reserved by author(s) and protected by international copyright laws.

This is a sample book for the authors' record and it is not for sales.

序：一个小人物的坎坷命运

长篇小说《大雪无痕》的副标题是：———一个抗美援朝志愿军战士的后半生经历。小说主人公名叫：王强，他是一名光荣的抗美援朝志愿军战士。然而，在朝鲜某个寒冷的前沿阵地；在与敌军持久的对峙中，他能承受来自饥饿的折磨，却无法忍受冰天雪地的考验。在他感觉自己快要倒下的那一天；在一同站岗放哨的战友张志眼开眼闭下，他放下武器，独自逃往敌军阵地，成了对方的战俘。没几天，张志和班长在睡梦中被摸上来的小股美军包抄，不幸也成了俘虏。又过了没多久，战争结束了。在遣返战俘时，王强等一些战友选择回家——坚决要求回到祖国大陆。王强认定：他的根在那里；他的依恋对象在那里；他的未来也在那里……可是，张志和班长等一些战友居然不是这样想的，他们选择去了台湾。为此，王强心头荡起一百个不可思议，为他们中了美军宣传毒计而惋惜。（说明一下：朝鲜战争进行三年，约有2年因志愿军战俘问题而被搁浅。中朝部队共有18万官兵被俘，其中2万人左右是志愿军战俘。这当中约1万4千多人最终去了台湾，余下的5千多人则回到大陆。）

志愿军部队撤回到大陆辽宁昌图后，在"战俘归来管理处"，士兵们所做得的第一件事就是向组织交待自己被俘经过。会上，大家都认真发言了，而王强羞于启齿，撒慌应对。有个叫余年旺的战友，因被归管处王主任认定犯"向组织假交待、隐瞒真相"之罪而遭押至主席台上批斗。余年旺对此想不通，深觉冤枉，翌日跳井自杀。战友李海，因交待问题不全，被判刑坐牢三年（巧得很，数年后，这个思想极左的王主任被打成右派，，也跳入这口井自杀了。）

按理，两军之战，出现伤亡，这是正常之事；同样，不幸沦为对方俘虏，也是常态之事。战后没俘虏，倒是千古奇谈。虽然常识人人能明白，但当王强等人成为俘虏归国后的第一天起，他们就成了一些人眼里的"坏人"了。他们必须革面革心，坦白再坦白。把自己说的越卑贱越是代表认错态度好，有悔过自新的表现。

当王强带着"坏人"的身份回到家乡时，他以后的日子注定是不好过，人生命运也随之出现重大转折。这其中，他深爱的女孩小芹为表示自己政治觉悟高，已与他划清界线。在中国广大农村，村长就是土皇帝，他以哄骗加威胁的手段很轻易地将小芹奸污了。而小芹觉得自己命运不佳，为了转运，违心与村长的儿子天成结婚。王强的弟弟因哥哥身份不好而被村里人砸瞎了一只眼，王强对此只能无奈地长叹。比起自己将自己饿死的地主王宝山；同时比起没能撑到发救济粮那一天而饿死的小芹父亲朱贵，王强觉得自己还是幸运的。但是，在那个极左时代，"坏人"再怎么改造，充其量只能成为坏人中的好人，永远无法脱帽。如此，没人愿意接近王强，他只能与地主王宝山的儿媳晓晓同居。然而，樊篱之掌继续在捉弄王强。一次洪水到来，所居住的陈旧房屋倒塌，晓晓带着肚子里的胎儿一同离开了人间。王强没能捱到政府平反的那一天死了，他的弟弟王钢伤心地把哥哥紧挨着晓晓的坟给埋葬了。作者在文章结尾时写道：

"张志用手扶着拐杖，默默地看着那微微隆起的雪堆，多少年前的那场离别，不但使他们天各一方，断了音信，更没有想到，王强会那么快的成了地下的鬼魂，阴阳两界。他的眼睛湿润了，他微

微地阖上眼帘,脑海里突然一阵轰鸣,耳畔响起了一首曾经熟悉而又使他热血沸腾的歌曲:

'雄纠纠,气昂昂,

跨过鸭绿江,

保和平,为祖国,

就是保家乡,

中国好儿女,

齐心团结紧,

……'

歌声久久的不愿离去。好长时间他才掏出手帕,拭了拭眼睛,而后对陪同他的县、乡、村的三级干部说:'在部队,俺和他既是老乡,也是最要好的战友。"全书在悲怆中收笔。

如果当初王强相信美军战俘管理营长官对他说:"你回去是要吃苦的"话,与张志等人一同去台湾,那么他的人生就是另一种表达方式了。然而,历史没有假设。小说《大雪无痕》人物虽虚拟,但现实生活中,类似王强的遭遇可能比小说中的王强更苦难、更悲惨得多。他们清纯的人生因其无暇的虔诚,而在其后的岁月里受尽常人想象不到的难以驱逐的苦难、折磨和凌辱,甚至失去自由和失去生命。并且，他们当中很多人没能等到平反摘帽的那一天就已离开人间。

　　读史以明鉴，读书以明理。这里，我们可以想象，以王强为原型的这些志愿军战俘，他们很多人没有什么文化，地位卑微。"就像这河里的水草，河水向东流，它就得跟着向东弯曲，河水向南流了，它也就得跟着向南弯曲。也许有早一日，河水改道向西、向北淌了，它也必须跟着向西、向北弯曲。同时，河里的小鱼小虾们想咬它几口就咬它几口，它也只能默默地承受，毫无反抗之力。"不要说小人物王强了，就是抗美援朝司令、被毛泽东称为"谁敢横刀立马，唯我彭大将军"的彭德怀元帅，其命运也不是自己能预知和左右得了的。

　　这时代，春有伤春心，秋有感秋泪。读《大雪无痕》一书让我深深探问：小人物的春心和秋泪，是不是就像春天和秋天的树叶，揭示着一个民族的过去和未来呢？

殷高高

2016 年 10 月 30 日

目 录

序：一个小人物的坎坷命运 1

一、出走 1

二、归来 6

三、重逢 9

四、救人 14

五、离别 19

六、回国 23

七、隐瞒 26

八、批斗 30

九、跳井 33

十、恶梦 36

十一、回家 38

十二、绝情 41

十三、下地干活去 46

十四、好事难成 49

十五、好心当成驴肝肺 52

十六、偏听偏向 57

十七、失去贞节 60

十八、踌躇满志 63

十九、支持 68

二十、和好 72

二十一、晓晓是个疯子 77

二十二、小芹要当会计 81

二十三、天成成亲 86

二十四、区里开会 90

二十五、犯罪分子 94

二十六、渡口相遇 100

二十七、被欺辱 107

二十八、妇唱夫随 112

二十九、雪上加霜 116

三十、情深意长 121

三十一、王钢受伤 124

三十二、"无不知" 130

三十三、捕风捉影 134

三十四、挑衅 138

三十五、晓晓和小芹 142

三十六、赶美和超英 149

三十七、砸锅 156

三十八、钢铁就是这样炼成的 160

三十九、扒灰 164

四十、天成被砸 167

四十一、报喜 171

四十二、李海出狱 174

四十三、找到工作 178

四十四、报信 182

四十五、阶级敌人 186

四十六、柿子树 193

四十七、食堂 199

四十八、冒充 204

四十九、识破 210

五十、送回 214

五十一、思亲 218

五十二、惩罚 222

五十三、回去 226

五十四、饥荒 230

五十五、如梦似幻 233

五十六、王强和晓晓 239

978-1-62265-916-6 (online) 978-1-62265-917-3 (paper)
Snow without trace by Liu Yong

五十七、向往大海 243

五十八、救济粮什么时候来 248

五十九、晓晓之死 252

六十、看电影 255

六十一、张志探亲 260

后　记 267

一、出走

大雪纷纷扬扬地下着。这块混沌而又黝黑的土地仿佛缺少纯洁和明亮似的，老天爷就把这些无数的银白六角精灵派遣下来，大地很快就银装素裹了。原来的山头不见了，变成了一个个巨大的雪堆，灰白而又圆润。光秃秃的树枝颤巍巍地捧着厚厚的积雪，摇摇欲坠。

王强从来没见过这么大的雪，这景色实在是太壮观和美丽了，这是他一生中第一次见到，然而此时此刻他却没有心情去好好欣赏这眼前的风景。因为他的战友那个东北小伙子小胖在下雪前不见了，直到他们醒来才发现，这时大雪已经淹没了他的足迹，不知是跑到了对面还是溜向了后方，王强和老乡张志认为他可能忍受不了饥渴和饥饿，不辞而别回后方去了。可班长却坚决认为他是跑到了对面当了叛徒。

他说："别人就不渴不饿了？别人能坚持下来他为什么就不行？这是叛徒的行为。好在老天有眼，下起了大雪，让我们能解渴了。现在我们一口炒面一口雪，也要把阵地坚守住。"

接着他决定要加强防守的力量，以防叛徒把美军领上来。再站岗时俩人一班，一个人睡觉，轮流休息。其实王强和张志明白，班长真实用意是为了在站岗时相互监督，生怕一个人再偷偷摸摸地跑了。

对于渴和饿，王强还能忍耐些，毕竟他从小就是在饥一顿饱一顿的磨练中长大的。而对于朝鲜的冬天是那么的寒冷，却使他很难承受。

大雪肆虐了一天一夜，厚厚的积雪淹埋了一切，山被封住了，担架队就再也没有上来过，食物和御寒的衣物没有送上来，战友们的尸体也不能运下去。本来就狭窄的坑道，被他们占去了不少的空间。凛冽的寒风不时地钻进来，拂在脸上，像刀子在割肉，王强常常被"割"醒。醒来后，他就会想念那遥远的家乡，此刻的故乡啊虽然也已经是万物凋零，但毕竟还有暖暖的太阳可晒，还有蓝蓝的天空可看，还有优雅的牧笛可听，更有那慈祥的双亲可依和伶俐的村妹相伴……想到这，泪水打湿了他的脸颊，痛楚和思念涌上他的心头，每次他都会在心里念叨着：你们还好吗？你们还好吗啊？

干干的炒面吃在嘴里，就像沙子般难以下咽。热水喝不上了，虽然雪是水做成的，可是融化它的干柴已经没有了，真的是到了一口大雪一口炒面的地步了。嘴唇干裂，嗓子干痒。小胖的失踪使他有了一些其他想法：小胖他现在在哪里？是还活着还是死了？如果是活着还会受冻挨饿吗？他也想学他，可是他出走已经不大容易了。

他的苦闷和烦躁被张志看在眼里，在一次他和张志一起站岗时，张志悄悄地对他说："你要是想去，你就去吧，还是命要紧啊。"说完他朝对面呶了呶嘴。

王强吓了一跳，连忙辩解说："你胡说什么呀？你才想到那边去哩。"

张志勉强的笑了笑，说："俺还是有预感的，你的神情有点明显，不过俺不会告诉任何人的。"

王强很害怕，没有想到老乡的眼光那么毒辣，能看透他曾经的一闪念。王强还是坚决否认："你别瞎猜想，这可是要命的事情，你让俺多活几天吧。"

张志活动了一下身子，感到有点暖和了，才又幽幽地说："你还信不过俺？咱俩能活一个是一个，没有必要都搭上哩。"

王强听了他这话，知道他是真心话，张志是不会害他的。他一想到自己真可能死在这个地方，心里堵得实在是受不了啦，泪水就涌了出来。他尽量的压抑着自己，不能让哭声太大而惊醒了班长。

张志接着说："你要想去，现在就走吧。"

王强说："俺走了你，你向班长咋说哩？他不能饶了你哩。"

张志说："你放心，俺就说俺实在是太困了，睡着了，醒来后，你就不见了，俺也不知道你干什么去了。"

"那班长能相信你吗？"王强还是不忍心让张志为自己担责任。

"他不相信俺又能怎样？他还能把俺枪毙了。反正死活对俺来说也都无所谓了，说死还不知道哪一会儿哩。"张志反到来安慰他起来。

王强走了,走前他把武器装备留了下来,因为班长他们剩下的弹药也不多了,同时也可以走得快些,还能减少敌人对他的防备和猜疑。他不知道此去是福是祸,前景是个什么样子,他已经不再去想,他只想改变目前他无法忍受的处境。

他只身一人来到了美军阵地。其后没有多长时间,战争就结束了。由于他是主动投降的,所以美军对他的管理,不像对其他战俘那样严格,他们还时常派他替他们做一些事情。令王强没有想到的是,在一次去另一个战俘营送物品的时候,他意外的见到了班长和张志他们。

三人见面抱头痛哭,这哭声不知是喜还是悲。过鸭绿江时,他们是那样的豪气冲天,这惊天动地的大事,被他们赶上了,那是多么的光荣和骄傲,他们一定会成为一个大英雄的。可现在竟是一个俘虏兵。幸运的是他们还活着,并且还能相见。

在张志的抽泣和呜咽中,王强断断续续地知道了他走后的事情。那天他和张志的对话,班长听得清清楚楚。王强在坑道外哭,他在坑道里默默流泪,看着坑道内战友的尸体,他心如刀割。他们是那么的年轻,生命之花刚刚绽放就凋零了,凋零的无声无息,如同飘下的雪花,悄然而逝。

王强走后,他一点也没有责备张志,只是说想站岗就站岗,不想站岗咱们就睡觉。就在一次他和张志背靠背相互取暖而眠的时候，几个美国兵来到了他们面前……

遣返的时间到了。在此之前，王强坚决地选择了回家，因为他的根在那里，他的依恋在那里，他的未来在那里……。他认为美军对他的宣传都是假的，是骗人的谎言。美军管理人员对他的决定不可思议，但还是尊重了他的选择。

这是他在美军战俘营里最高兴的日子，终于可以回家了，可以见到自己的双亲了，可以见到他时常思念的人了，可以见到家乡的山山水水了……。

他是多么高兴啊，他快乐的如同个孩子。他要把这个好消息告诉班长和张志他们，希望能和他俩一起回家。他兴高采烈地来到班长和张志他们所在的战俘营，然而令他没有想到的是，这里已经空空如也，不见昔日的喧嚣，管理人员告诉他，班长和张志他们已经在二天前就离开了这里，准备去台湾。

"为什么要去台湾呀。"由于太出乎他的意料之外，他想了半天也没有搞明白班长和张志会这么做。

他哪里知道，从此以后，他和张志他们如同向不同方向射出去的子弹，既再也不能相见，也留下了不同的生命轨迹。

二、归来

王强是第一批遣返的战俘。他知道自己已经不是普通的士兵了，更不是什么凯旋而归的英雄，他没有给祖国人民立功，也没有替朝鲜人民把美国鬼子赶出去，反而为了活命去投降了美国鬼子。在战俘营里，美国鬼子对他说，像你这样的人，回去后是要杀头的，不杀了你，也会叫你蹲大牢的，你还是回台湾吧！

他当时怎么都不相信，他在心里无数次的为自己辩解：俺是迫不得已啊，俺如果不这样做，俺就会被冻死或者饿死啊，俺不想死，俺想活，俺想回家，这有错吗？俺不是一个罪人，俺没有伤害过任何人，即使在战俘营里，在美国鬼子的威逼利诱下，俺也没有做过对不起战友的事，相反，俺还尽自己的力量和可能，能帮战友一把就帮他们一把，对那些为达到个人不可告人的目的，陷害战友，献媚敌人的人，俺是非常痛恨和不齿的。假如说有所伤害的话，那俺伤害的是美国鬼子，俺对得起自己的战友和同志，也对得起自己的良心。

他虽然这么想，但内心深处仍然觉得自己做了一件不光彩的事。和那些拼死和美国鬼子抗争，而最后不得不束手就擒的战友相比，他就是个软骨头，更不用说和那些英勇牺牲的烈士们相提并论了，他们的命不比你的值钱吗？受冻挨饿就忍受不了啦，班长和张志怎么能忍受下来呢？别说和英雄和烈士相比了，就是和班长和张志对照一下，你也是个怂包，是个孬种。

所以他的心自从上了接他们的汽车后，就随着汽车的颠簸而忐忑不安起来：俺们会不会被拉去枪毙？会不会被送进监狱？当到达目的地后，他被眼前的欢迎场面惊呆了。

朝鲜人民和朝鲜人民军以及志愿军领导给他们举行了盛大的欢迎仪式。汽车进入由苍松翠柏扎成的凯旋门后，穿着民族服装的朝鲜妇女，站在道路两旁，手里不停地挥舞着鲜花和彩旗，嘴里也不停地重复着一句生硬的中国话："欢迎欢迎，欢迎欢迎。"

虽然听着有些不自然，但从她们那认真地表情和夸张的动作中，他知道他们是她们喜欢的人，他们是受她们欢迎的人。他旁边的一个好像比他还要小的战俘——不，现在应该是一个凯旋的勇士，被眼前热烈的场面感染的泪流满面，嘴里不停地嚷嚷着："你们好，你们好，我回来了。"

确实，自汽车过了"三八线"以后，他们就感觉到就像回到了祖国一样：他们人人都被暖暖的清水冲洗地干干净净，准备好的新衣服大小是那么的合体。饭桌上摆放的是热腾腾的大米饭和白面馒头，主食任由他们选择，就饭的菜，竟然是猪肉炖粉条。王强清楚的记得他出国吃的最后一顿饭就是白面馒头就猪肉炖粉条。

那顿饭，大家吃得是多么开心啊。想到马上就要去消灭美国鬼子了，人人都很兴奋。

这个说："美帝国主义真是自不量力，竟然敢侵略朝鲜，朝鲜能是好欺负的吗？"

那个马上接着说："就是，也不看看朝鲜给谁好。"

班长这时很轻蔑地看了大家一眼说："你们不知道，美帝国主义侵略朝鲜，就是为了想打咱中国，他想学小日本呢，想把咱中国给霸占了，他那是白日做梦。小日本都叫咱们打得无条件投降了，美帝国主义要是学小日本呀，就是学怎么无条件投降。"

"对对对，咱们去了，美国鬼子就只有缴械投降了，他们要是提什么条件，咱们谁都不要答应呀。"班长的话把大伙的热情又撩高了起来，纷纷跟着附和。

小胖虽然嘴里塞满了大块的猪肉，但也不甘寂寞地嚷嚷道："以前咱们靠小米加步枪，就打败了飞机加大炮的几百万国民党军队。现在美国鬼子算个啥，俺们有波波莎加猪肉炖粉条，咱们过去了，一下子就会把他们赶下海喂鱼的。"他一边说着，还一边比划着，学着鱼在水里游动觅食的样子，他嘴里吃的仿佛不是猪肉，而是美国鬼子的人肉。

众人又是一阵大笑……

在守坑道和在俘房营的那些日子，王强以为再也吃不上大米饭和猪肉炖粉条了,现在他又见到了它们,并且可以随便的享用它们,他感到是多么的亲切和温暖啊。也就是在这个时候,王强惴惴不安的心才安定了下来。

他们回来的地方叫开城,位于朝鲜半岛的中部,在"三八线"的北面,离汉城不远,以前是古高丽国的都城。这里气候宜人,风景也很秀丽,现在由于战火的摧残,气候没有多大变化,而风景却大不如从前了。这里有古高丽国王及王后的陵墓,也有大片的志愿军烈士的坟茔,一大批无名的中华民族的优秀子孙将长眠于此,再也回不到生他养他的祖国和家乡了,从此魂牵故土,梦绕亲人。

三、重逢

他们被集中到一块操场上,负责安排他们的管理人员,对他们很是细心、周到,怎样排队和站队,怎样原地坐下,有事怎样举手汇报,就好象他们是一群刚入伍的新兵蛋子

他们原地打坐在操场的空地上,原先那些欢迎他们的朝鲜族妇女,也来到他们的周围,静静地站着。就这样过了好大一会儿,两旁的朝鲜妇女突然激动起来,又是挥手又是跳跃,嘴里还说着王强他们听不懂的语言。

坐着的王强他们不知道发生了什么事，但也不能站起来观望，于是个个挺直了腰板，伸长了脖子，纷纷向两旁和主席台上望去。

这时喇叭里传来一阵"嘿哟塞约"的朝鲜话，王强不知道是什么意思，而后的中国话王强听懂了，是叫她们和他们安静，不要讲话。

秩序恢复了，现场又重新静了下来。这时主席台上已经坐着了好几个人，只听喇叭里又是一阵韩语，而后又是一遍汉语："请朝鲜人民的伟大领袖金日成将军讲话。"

在喇叭里的韩语刚讲完的时候，两旁的朝鲜妇女又马上激动起来，尖叫声此起彼伏，王强差一点就没有听到下面汉语讲的什么。

当金日成开口发出第一个音阶的时候，朝鲜妇女就像统一关了电门一样，马上就没有了声悉。

金日成洪亮的声音在寂静的操场上飘荡。王强听不懂他在讲些什么，于是就东张西望起来，他不时的朝站立着的朝鲜妇女那边望去。他发现有不少朝鲜妇女在金日成讲话时，悄悄地抹眼泪。王强此刻对金日成的钦佩油然而生：真不愧是朝鲜人民的伟大领袖，他面带笑容、声音雄壮、从容不迫地讲了一个很悲痛的故事，心地善良、纯洁的朝鲜女人，被这个故事深深地打动了，她们抑制不住自己，默默地流下了热泪。

金日成的讲话不长，接着就由翻译进行翻译。王强听了翻译的翻译后，却由钦佩变成了糊涂。从翻译的嘴里，王强知道了朝鲜人民的伟大领袖所讲的大概意思：中国人民和朝鲜人民是同志加兄弟，是用鲜血凝成的友谊。我们有共同的敌人，那就是美帝国主义。美帝国主义侵略朝鲜，实际上是想侵略中国，它妄图破坏中国人民的社会主义大建设。中国人民的伟大领袖毛主席，及时的识破了美帝国主义的狼子野心，派你们来保家卫国。你们没有辜负毛主席的期望，和美国鬼子进行了顽强地战斗，即使在战俘营里，你们也不屈服，坚决要回到祖国和人民的怀抱。现在你们回来了，朝鲜就是你们的家，希望你们早日恢复健康，继续投入到打击美国侵略者的战斗中去，把美帝国主义彻底赶出朝鲜。

王强感觉金日成的讲话并不悲痛，可她们为什么要哭呢？王强仔细地观察了下，在流泪的朝鲜人中，不光有女的，也有好些个男的。

金日成讲过后，就是志愿军领导讲话。他个头没有金日成高，稍黑的脸不拘言笑。他的湖南口音很有特点，和王强他们那儿的人讲话有很大差异，他也只是听了个大概意思，就是经过中朝两国人民的共同战斗，称王称霸的头号帝国主义，美国鬼子终于被我们打败了。自从你们被捕后，伟大领袖毛主席非常关心你们的安危，多次指示我们要想方设法把你们营救出来，可是美帝国主义勾结国民党反动派，想把你们押运都到台湾去，想重新压迫你们，剥削你们，让你们吃二遍苦，受二茬罪，我们是坚决不答应的。现在你们安全的回来了，我们也放心了，你们要从现在开始，尽快的调整好自己，放下思想包袱，要感谢伟大领袖毛主席对我们的关怀和爱护，你们今后无论是继续和美国鬼子战斗，还是回国参加社会主义建设，都要有一不怕苦，二不怕死的革命精神，为党和人民立功。

这位领导讲过之后，是一阵热烈的掌声。这时不知是谁，一挥胳膊，高昂的喊了声："毛主席万岁！"于是王强他们也立即举起了拳头，连续的大声喊道："毛主席万岁！毛主席万岁！毛主席万岁！"接着又有人振臂高呼："打倒美帝国主义！"于是王强他们也立即振臂高呼："打倒美帝国主义！打倒美帝国主义！打倒美帝国主义！"接着又有人振臂高呼："打倒国民党反动派！打倒蒋介石！"

王强他们在这时停顿了一下，因为前两句口号都只是一句话，好学。而这段口号则是两句话，学起来就有点难度，一些人没有反应过来，喊的时候就有些乱了，有人喊成了："打倒国民党！打倒蒋介石！"有的开始喊成了："打倒蒋介石！"后来发现错了，就又补了一句："打倒国民党！"都感觉不对劲，所以只喊了两遍，他们就再也没有接着喊下去。

在王强听到国民党和台湾这句话时，他突然想起了张志和班长，他们到台湾可能是逼不得已啊。因为他也见过到过一些国民党特务混进了战俘营，先是用欺骗的手段，来哄骗一些人去台湾，如果不成,他们就和美国鬼子勾结起来,再胁迫一些人跟他们走。张志和班长要不是上当了,要不就是被逼无奈,总之王强认为他俩人不是主动要求去台湾的。想到这,他又深深地为班长和张志担忧起来:这不是才出虎穴,又进狼窝吗?

两位最高级的领导讲过之后,其他几位志愿军首长的讲话就更短了,大概就一个内容,就是要求他们遵守纪律,服从管理,准备回国。

当金日成和志愿军领导离开会场的时候,有几个朝鲜妇女竟然哭昏了过去,使得一些维持秩序的人和一些医护人员跑来跑去,会场出现了一阵混乱。

领导讲过话以后,下面就是志愿军文工团的文艺演出,主持欢迎仪式的人要他们休息一下,可以自由活动十分钟。王强起身准备到厕所方便,他刚走了几步,原来站在他们旁边的一个朝鲜姑娘,一把将他拉住。王强没有准备,吓了一跳,当他回过神来,这才看清,原来是金姬。

四、救人

在王强他们没有越过"三八线"投入战斗之前,也就是在1952年,曾在开城休整了几天。而就在这休整几天里的一天,王强和几个战友在住地附近的汉江的支流边散步,当时河水"哗哗"地流淌着,他们很有兴致地看着两岸的景色。就在这时,就听到河对岸有女人的呼喊声。王强循着声音望去,只见河对岸的几个朝鲜妇女一边连连地向他们招手,一边用手指向河里。

王强看到河里有一个人在拼命地"扑腾"着,可是她越"扑腾"越向河中心漂去。这是有人落水了,王强马上明白了是怎么回事。就在其他几个战友还在犹豫的时候,王强一边跑一边脱掉了外衣,然后"扑通"一声跳进水里。

自小在河流边长大的他,水性很好。他迅速地朝落水的人游去,很快就到了她的跟前,他一把抓住她的头发,将她的头部提起,使其尽快脱离水面,以防在水里呛得时间过长而窒息。随后他用另一只手揽住她的身体和胳膊,不让她再在水里盲目挣扎,要不然就会延长营救时间。当女人的头部稳稳地靠在自己的肩膀上时,他马上松开了抓住她头发的手,然后用这只手划着水,带着她向岸边游去。

当时的气候已是秋天，河水已经变得冷冽起来。王强的身体在河水的浸泡下感到冰凉冰凉的，只有揽在她胸前的胳膊有种异样的感觉：暖暖的、软软的。

由于河水是流动的，并且流速很快，他不能带着她横着直接向岸边游去，而只能顺着河水斜着游向岸边。当他们慢慢接近河岸时，岸上的几个朝鲜妇女也在向他们这儿跑来。到了浅水区，王强将她抱起来，走上了河岸，这时他才发现，他救的那个朝鲜妇女很年轻。

不知是刚才落水吓得还是在水里冻得，王强怀里的朝鲜姑娘脸色苍白，一双美丽的大眼睛定定的看着王强，王强感到她的眼神是那样的圣洁无暇。他俩都浑身湿透，王强单薄的衣服像层皮一样贴在肌肤上，曲线毕露。朝鲜姑娘虽然穿的是用粗布缝制的裙子，但也和着河水，牢牢地沾在身体上，使她的线条远比王强曲折有致。

王强感觉到他怀里的姑娘在紧紧地依偎着他，好像如果不这样，就有可能再次掉进水里一样，他也不想放下她，因为她们彼此相拥的地方是多么温暖啊。

当那几个朝鲜妇女来到后，他才将怀里的姑娘轻轻地放在地上，连忙地对她们讲："赶快给她换件干衣服，别冻着了。"

几个朝鲜妇女并没有按照他说的去做，只是冲着他连连的鞠躬，嘴里不停地说着："卡撒哈米大、卡撒哈米大（谢谢）"

王强这才想起自己说的话她们听不懂，而她们说的话，他也听不懂。他只好在原地不停地踏着步，以给身体增加热量。

朝鲜女人们将落水姑娘纷纷围住，一边"唧唧喳喳"地说着话，一边替她拧干身上的水分。

王强在一旁既插不上嘴，也帮不上忙，活动了一会儿，他感到身体有些发暖了，就对那群朝鲜女人说："你们赶快把她送回家，我回去了。"他知道自己说这话是白说，但也不能不说，不辞而别是不礼貌的，虽然她们听不懂他的"辞"。

这段河的附近没有桥，他要回去，还必须再下河游过去。当他转身走向河里的时候，被他救的姑娘突然拨开其他人，一把将他拉住，嘴里不停地说着："卡吉玛、卡吉玛（不要走）"。

其他朝鲜妇女看着王强只穿着内衣，并且湿漉漉地，都有些不好意思。可她一点也不在乎，拉着王强的胳膊不丢手，她的意思是想和王强一起回她家。

王强一边往回抽一边不由自主地说："别这样，我该回去了。"毕竟是个毛头小伙子，第一次衣不遮体的站在几个女人面前，面红耳赤，心跳加速。他已经顾不得多想，挣脱了她柔软的小手，走进水里，向对岸游去。就在他没进水里，只有头部浮在水面时，他听到她大声地喊叫："哦爸、哦爸（哥哥）……"声音是那么的急切。

第二天，被救的朝鲜姑娘和她的母亲早早的就来到了王强住防的地方，她们要当面向中国军人表示感谢。在此之前，部队领导也已经知道王强勇救朝鲜落水姑娘的事，所以安排了她们在连部和他单独见面，并派了一个懂韩语的参谋陪着他并给他做翻译。

朝鲜姑娘的面容已不像昨天那样苍白了，她细腻白皙而又泛着红晕的脸庞，始终挂在甜甜的笑容。她的头发很自然的从中间分开，向两边梳去，然后在后面辫成一个长长的发髻。她穿着一件背心式的带褶子筒裙，背心是粉色的，裙子是白色的，胸前用洁白的衣带打了一个漂亮的蝴蝶结，轻盈而又飘逸。

王强的心"砰砰"直跳，这个美丽的姑娘在昨天他曾经抱过她，现在他却更有了拥抱她的冲动，但是他只能克制自己，他认为自己有邪念那是罪恶的。

她们娘俩给王强带来了一些好吃的，有大枣、苹果、蜜饼、粘米糖糕等，她不时的对王强说："摸果、摸果（你吃呀）"。

王强有些拘束，不知道该怎样和她说话，只好按照她所说的去做，不时的向嘴里塞进一些食物，半天才憋出一句话来："你怎么不小心掉进水里呢？"

姑娘听了参谋的翻译后，脸微微地红了一下，简单的叙述了她昨天落水的经过。原来她是和几个嫂嫂姐姐们在河边洗衣服，说笑间不小心脚下一滑，掉进水里，她们洗衣服的地方是深水区，掉下去后河水很快就淹没到她的脖子,她当时就吓懵了,一边嘴里大声喊着:"快救我",一边两只手不停地划拨着水,想不让自己沉下去,可是流动的河水抵消了她的努力,并使她越动则越快的离开河岸,向河心漂去。

在岸上的几个嫂嫂和姐姐们被突如其来情况吓得不知所措,她们又不会游泳,不敢贸然下水,只好大声呼喊让别人来救,就在这危险时候,王强出现在她的面前,是他救了她,他是她的救命恩人,她要报答他。

姑娘叙述完了,参谋再给他翻译一遍。王强听后也不知道该怎么安慰她,只是说:"是你命大,是你命大。"

由于王强不善言语,再加上语言不通,他只是不停地笑着。朝鲜姑娘和她母亲的话语也不多,她们很是感激的看着王强,时不时的要他吃她们带来的东西,她们觉得只有这样才能表达她们的感激之情。

参谋看了一下手表,对她们说他和王强都还有其他事,你们就请回去吧。他又替王强安慰她们说,关于这件事你们也不要太在意,因为救人是每个中国军人应该做的,也是我们纪律要求的,他如果见死不救的话,我们还得处理他,甚至都有可能枪毙他。

说完这些,参谋又问了一下那朝鲜姑娘叫什么名字,也告诉了她王强叫什么。在参谋和她们谈话的时候,王强是一句也听不懂他们在讲些什么。

由于她们带来的水果等食物太多，王强根本就吃不了，她们就非要王强拿着不可。参谋对她们说，我们有纪律，不拿群众一针一线，你们带回去吧。

母女俩无奈，只好拿起剩下的食物，依依不舍得离开了营地。

王强和参谋把她们送出营房大门后，参谋用手指着王强说："你吃了人家那么多东西，也不问问人家叫什么，你将来怎么去感谢人家啊"。

王强一听急了，嚷嚷道："我哪想这事了"，说完撒腿就要去追她们。

参谋连忙把他叫住，笑呵呵地说："你去问，能问出个名堂来吗？我替你打听了，她叫金姬。"

五、离别

没过两天，王强就投入到了激烈而又残酷的战斗中去，硝烟弥漫的战场早就使他忘记了这件事。可是金姬没有忘记，王强的一笑一颦、一举一动都清晰而又深刻地印在她脑海里。

金姬现在是和母亲相依为命，她的父亲和哥哥都在这场战争中牺牲了。王强的出现，使她有了哥哥回来的感觉，因为她认为在她生命面临危险的时候，也只有她的哥哥才能舍命相救，他就是她的亲人，她们要相见，她们要团聚。

所以每当有任何机会，她都要打听王强的消息，可是她一个小姑娘家，又处在社会的底层，又有谁去关心她所牵挂的事呢？她知道只有靠她自己去努力，去寻找。因此每当有志愿军部队从开城经过，她都要跑去看一看，希望能看到王强的身影。

特别是志愿军伤员从前线下来，更是牵动她的心，她在心里保佑着王强不要受到一丝一毫的伤害，然后像个英雄一样，凯旋归来。但是她又希望早日见到他，因此她又幻想着他能出现在伤病员的队列里。矛盾的心理折磨着她，既兴奋又失望。

战争终于结束了，志愿军的部队一批批从前沿阵地撤了下来，新扩建的墓地也已经完成。金姬向她可能打听到的人都打听了，也没有丝毫王强的音讯。哦妈尼（妈妈）对她说，你寻找王强那是大海里捞针，这么多部队，你到哪儿去找啊，何况你连他是死是活都不知道啊。

金姬心想，哦妈尼说得对呀，针掉进大海，还知道是在水里。可是王强现在是人是鬼，都没有人知道，到那儿去找呢？

时间就像身边的河水，在悄悄的流逝，寒暑更替，花开花落。

但金姬对王强的思念并没有减少，她仍然在寻找和留意他的消息和踪迹，真是功夫不负有心人，在为被俘人员的欢迎大会上，金姬终于发现了王强。

当她看到人群里的王强时，是多么高兴啊，她的伙伴们为见到伟大领袖而幸福的泪流满面的时候，她也喜悦地流下了眼泪，只是她的泪水比她的伙伴们又多了一层意思。

金姬拉住了王强，王强也认出了她是金姬，她轻轻地叫了声"哦爸"。

在过去不到一年的时间里，王强发现金姬好像长大长高了。她依然穿着他们在营房见面的衣服，王强感觉有点小了。她乌黑发亮的头发不是从中间自然分开，辫成一个长长的发髻，而是直接从前面向后面梳去，然后扎成了一个长长的马尾。

他们俩语言不通，只能手拉手相互笑着看着对方。他们的模样引起了周围一些人的好奇，投来了异样的目光，人们哪里知道她曾经有过的生死体验。

十分钟很短暂，王强还要去方便，他用手指了指厕所的方向。金姬知道了他要表达的是什么意思，脸红了一下，松开了他的手。

当王强回到自己原来的位置时，演出已经开始了。可是他的心事不在节目上，他向两旁的朝鲜妇女中望去，寻找着金姬。

她的位置在王强的斜前方，此时她们不知从什么时候找了个小板凳，全都坐下来观看。金姬也没有认真地看节目，她不时的回头朝王强这边瞭望，当她俩的目光相遇的时候，王强看到金姬的笑容是多么的甜蜜。

王强在心里回忆着他和金姬接触的每一时刻，冲动又涌了上来，他感到身体有一阵阵的燥热。现在他已经不再是一个准备上战场的士兵了，他感觉自己已经没有了罪恶感，他想着俺活了下来，俺和金姬又见面了，金姬是喜欢俺的，俺也喜欢金姬，金姬要是俺媳妇该有多好啊，就能天天抱着她、搂着她了，亲着她白白的脸庞，抚摸她那个软软的地方，和她同在一个床上睡觉……他的脑海在海阔天空的胡思乱想。想着想着，他又想到了家乡的小芹。

王强偷偷地笑了。有一次，他不记得那时他多大了，发正有那么一次，她和小芹一起去割草。在一片长得很旺盛的草地上，小芹弯着腰、低着头很认真地割着。

本来他也是很卖力地割着草，割着割着他感觉有些累了，就直起腰来想歇一歇。抬起头后，他无意中向小芹那儿看了一眼，这时他从小芹的领口处，看到小芹里面的胸脯好白好白，和她黑黑的脸和脖子形成了鲜明的对比，他是第一次看到小芹还有那么白的肌肤。

王强看得有些痴迷，以致小芹也想歇一歇的时候，发现了他的偷窥行为。小芹有些恼怒，连忙整理一下领口，然后从地上捡起一个坷垃头(小土疙瘩)，朝王强砸去，边砸边说："你个小流流头(小流氓)，看什么看。"

王强一边躲过一边笑着说："看看又怎么了，又不能看掉毛。"

小芹说："就能看掉毛。你不能白看，你得把你割的草给俺。"说完就走到王强面前，把他篮子里的草倒在了自己的草篮里。

当时他觉得小芹蛮横的可爱，现在他认识了金姬，他又觉得还是金姬好，金姬不蛮横，如果要他选她俩谁做媳妇的话，他会选金姬而不去选小芹。以前认为小芹伶俐，现在他又觉得小芹有点野，不像是一个女孩子。

直到演出结束，王强的神游才告完结。他俩以为这次的重逢，会是他们相见的开始，他们错了，当他们在演出结束时，挥手向各自喜欢的人告别时，他们不知道这竟成了他们的诀别。

六、回国

他们在开城的住处，就是一年前他刚到开城的那个地方。金姬第二天就去找王强，她和上次一样，给王强带去了很多好吃的，可是这一次她却没有见到王强。

门口卫兵向她解释："上级领导有规定，他们刚从美国鬼子的手里解放出来，受摧残的身体需要治疗和康复，现在不适宜见任何人，你还是回去吧。"说完，他又补充道："即使他身体没有问题，部队也有纪律，士兵是不能随随便便和当地老百姓接触的。"他的眼睛在金姬身上来来回回的瞄了好几遍，不知是被金姬的美貌所吸引，还是在看一个怪物。

无论金姬怎样央求他，卫兵就是不让进。她想了想，觉得卫兵说得也对，昨天见到的王强，已和一年前的他不一样了：脸庞消瘦了许多，下巴也隐隐约约的长出了一些胡须，使王强显得又黄又黑，但是他的个头还是那么高，眼睛还依然放着光亮，使她能够在人群里认出他来。

金姬想暂时不见王强也对，让他安心疗养，使身体早日康复起来，那时她们再相见也不迟。她以为王强身体恢复以后，还会回到他原来的部队，继续留在朝鲜，那时她们就可以经常相会，延续她们之间的感情了。已经春心萌动的少女，把未来想象的是多么美好啊。

王强他们并没有在开城呆多长时间，就接到通知，要他们立刻回国。他们是悄悄离开的，朝鲜方面也没有组织人去欢送他们，当金姬知道这一消息的时候，王强已经走了。

金姬来到空空的营房，来到她曾经熟悉的连部，她感到恍如隔世，又感到如坠深渊……她的泪水滚滚而下，她的呜咽像门前的河流，低沉而又悠远，王强能听到吗？

此时王强自然是听不到的金姬的哭声，他听到的只是火车在行驶中发出的"哐当、哐当"的声音。他也没有想到回去的那么匆忙，他也很想见到金姬一面，金姬的笑容和忧伤都会勾起他深深的爱恋，以后他再也不能见到金姬了……再见，朝鲜的山山水水；再见，朝鲜的一草一木；再见，金姬。

如果说他们是出国比较晚的一批，那他们回来就是比较早的一批了。他们沿着来时的线路，回到了祖国的辽宁昌图。去时热烈欢送，归来时虽然也有人在欢迎他们，也有漂亮的女学生在给他们献花，但是王强却感到有些怪怪的，不像是自家人重逢，倒像是熟人来串门。

这里的管理人员，原来就是在朝鲜碧潼联合国军战俘管理所的原班人马，在此不久前他们送走了一批战俘，现在它又迎来了一批，所不同的是，那是外国的，现在是本国的，那是在国外，现在是在国内。

王强他们二十几号人住一个寝室，并被编成了一个班，由于来自不同的部队，彼此之间不熟悉，班长一职就临时由管理员兼任，以后了解情况了，再根据表现任命新的班长和寝室室长，管理员不和他们同住，他有自己单独的住处。

王强在地铺上躺了下来，睁开眼睛，他看见四周的墙壁上贴着的标语："悔过自新，重新做人"。他知道从现在开始，他就不是什么好人了，更不是什么凯旋归来的战士了，他回到祖国怀抱的好心情被蒙上了一层阴影。闭上眼睛，他脑海里就轮流出现金姬和小芹的模样。金姬他是不可能再见面了，他以前幻想着娶金姬做媳妇哩，现在想想自己就是个癞蛤蟆了。现在或者以后就只能娶小芹做媳妇了，不过娶她也不错，她虽然没有金姬长得好看，但干起活来，金姬可能不如她。

在战俘归来管理处做的第一件事，就是汇报自己的被俘经过。

七、隐瞒

和王强睡连铺的有一个叫余年旺的人，中等身材，两人很聊得来，一打听，他们竟然还是老乡。王强在家乡河流的下游，他在上游。王强在河北岸，他在河南岸。虽然离的不远，但口音却不大一样。

余年旺比王强大一岁，比王强多读了两年书。因此当王强说自己没有上过学，不会写字时，余年旺自报奋勇地对他说，你把你被俘的事给我讲一遍，我替你写。

自从处里要求要把被俘经过写下来时，王强就犯了愁。是如实汇报自己贪生怕死、主动投降吗？这样说出去就太丢人了，还是先等等，看看别人是怎么被俘的吧，如果有人和自己是一样的，那再说出去也不迟，人多脸宽，大家彼此彼此，谁也不说谁，就不怎么丢人了。于是他就悄悄地问余年旺：*"你是怎么被俘的？"*

"我的被俘才是不应该的呢。" 他无不后悔地说。

原来他是这样被俘的。他被俘前是营里的通信兵，为了给突击到敌后的小分队送一份重要文件，他化装成朝鲜农民，翻山越岭及时的将文件送到了地方。回来的时候，他耍了一个小聪明，不想再走小道了，想走大道既节省时间，又能不浪费体力。虽然大道上有美军的一个哨卡，但也难不倒他。

当时他认为自己身上什么都没有，没有带武器，文件也已经安全送到，如果从哨卡上通过，美军就是搜身也搜不到啥。并且他还会几句朝鲜话，哄骗过美军应该是没有问题。以前他曾经有过穿着朝鲜人的服装，接触过美军的巡逻兵，这些大鼻子们也真把他当成了朝鲜人，竟嘻嘻哈哈地和他打着招呼。

余年旺想这次应该能成功。他这样想也就这样去做，真是人算不如天算，令他没有想到的是，这个哨卡原来是美国人把守，不知什么时候换成了南朝鲜的军队，于是他这个假朝鲜人，在真朝鲜人面前自然就露馅了。

说起这件事，余年旺真是后悔得不行：不该贪图方便，自投罗网。

另一个和王强睡连铺的李海，他的被俘经过是他们的整个团都被美军包围了，他们分散突围，最后弹尽粮绝也没有成功，只能束手就擒。

他们说完了，就催促王强讲讲他的被俘经过。

王强心里犯嘀咕，看来是没有人是主动投降的，不管是逼不得已，还是自觉自愿。虽然在生命的危险时刻，求生还是人的本能反应，但是人的思想境界是不一样的，有人就愿意慷慨赴死，视死如归。所以王强一想到那些牺牲的战友，他就陷入了深深的自责之中，认为自己没有骨气，是个软蛋，可是他还有着一点自尊心，他还不愿意当众承认自己这丢人的行为。

因此当他们问起这件事的时候，他羞于启齿。憋了半天，他才瓮声瓮气的撒起慌来："俺当时坚守在一个无名高地，战斗非常激烈，俺正打着，突然一颗炮弹飞来，俺就被震晕了过去。等俺醒来的时候，无名高地已经被美国鬼子占领了，俺也就被逮着了。"

王强讲过后，心里竟有些释然了。因为他突然想到在美军俘虏营的时候，就听过好几个人说过，他们都是这样被俘的。当时他觉得其中有人是说瞎话：咋就那么巧呢，震晕了就都被捉住了？令他没有想到的是，今天自己为了不可告人的目的，也学了他们，说起假话来，并且有了理由：他们讲得，我为什么讲不得呢？反正知道我投降的事只有班长和张志，可他俩去了台湾，没有人会知道真相的，和死无对证没有区别的。

李海他们听他讲过后，也都信以为真，说你这个情况太普遍了，大多数人都是这样被捕的。

余年旺说："你这简单，要不多少字，我替你写好，你签个名就行了，会写自己的名字吗？"

"俺就会写王强这两个字。"王强忙不迭地说。

每个人的汇报递上去后，大家学习刘胡兰、赵一曼等英雄宁死不屈的活动也告一段落，本以为可以消停几天，可是这天下午，风云突变，由原来的上课学习改成了批斗会。

批斗会是在操场上开的。归管处王主任非常气愤，他说："有人向组织撒谎，不如实地交代自己的被俘经过，为自己涂脂抹粉，欺骗组织，这是一种叛变行为。"

听王主任这么一说，王强当时脸都白了，心里"怦怦"乱跳，心想这下完了，领导怎么知道我是撒谎的呢？王强害怕的闭上眼睛，就等管理员来惩罚他了。

八、批斗

王主任接着说："余年旺，你背叛祖国，投降敌人，不思悔改，编瞎话来欺骗党和人民，你也太狂妄了，把余年旺押上来。"

余年旺做梦也没有想到，今天是开他的批斗会，他茫然地环顾四周，想知道是怎么一回事，想从别人的脸上找到答案。但他看到的，有的是惊讶，有的是鄙夷，也有的是和他一样茫然。

从旁边走出几个管理人员，他们不由分说就将余年旺从人群里拽了出来，将事先做好的牌子挂在余年旺的脖子上。牌子上用毛笔写两个小一些的字：叛徒。下面一行则写了三个大一些的字：余年旺，然后又在上面打了一个猩红的叉。

余年旺被跟跟跄跄地推上了台子的边缘，还没有站稳当，这时主席台边上坐着的一人，就连忙地举起一只胳膊，高喊道："打倒叛徒余年旺。"

台下的王强他们从没有见过这样的场面，一时不能适应。尤其是王强，他还在想着说谎的是自己，正担心着，这会儿怎么忽然变成了余年旺，这个弯太陡，他的脑子还没有跟上。因此呼口号的时，其他人只是机械的应着，稀稀落落。而王强则是慢了一拍，等人们喊过之后，他才如梦初醒，赶紧补上一句："打倒叛徒余年旺"，显得那么孤单。

王主任接着说："余年旺他说他是想抄近路返回部队，没料到会被敌人抓住，你骗谁呢。你是营里的通信兵，改变行走的线路，本身就是违反纪律，你能不知道？你是故意投入到敌人的怀抱。你掌握着部队的很多机密，你说你没有向敌人泄漏，谁又能证明？"

余年旺脖子上挂着沉重的牌子，低着头痛苦的申辩道："我没有主动向敌人投降啊，我只是想少走几步路。我不是叛徒，我没有向敌人招一句供啊。"

这时坐在主席台边上、带头喊口号的那个人，突然起身来到余年旺面前，"啪啪"就给了余年旺两个大嘴巴，而后用手指着余年旺的鼻子说："你态度还不老实，还敢说自己不是叛徒。你的良心叫狗给吃了，你贪生怕死，投降了敌人，毫毛未损的活了下来，可你的战友们呢，他们的命就不值一分钱了吗？他们怎么办，你对得起牺牲了的战士吗？"

余年旺不知是被打懵了，还是被说焉了。他像是被抽去了脊梁骨，腰弯的更低了，两腿也直打晃。他的嘴唇屡动着，发不出来一丝声响。本来"嗡嗡"响的台下，这时也突然安静了下来。

王强感觉到那两声清脆的耳光，不光是打在余年旺的脸上，更是打在他王强的脸上，因为他才是主动投降敌人的人，他才是贪生怕死的人。

　　看到下面一片寂静，没有任何的响动，王主任非常满意这样的效果。他招招手，示意打余年旺的人，回到坐位上去。然后清了清嗓子，志满意得地说："为什么说余年旺是主动投降敌人的呢？就是因为他不仇恨美国鬼子，他不认为美国鬼子是吃人的豺狼，他甚至还觉得美国鬼子蛮可爱的呢。所以他要走近路，他要去接近美国鬼子，去投入到美国鬼子的怀抱，这不就是主动投降吗？"

　　接着王主任又是一番推理，说得王强他们无话可说：谁叫你们不和美国鬼子作殊死搏斗，战死沙场的。做了俘虏，就不可能不向美国鬼子交待一些情况。我们曾经管理过侵略朝鲜的联合国军的战俘，他们非常配合，问什么就说什么，知道什么就汇报什么，毫不保留的来个竹筒倒豆子，其中就有很多以前没有掌握的军事机密。同样是战俘，就会有同样的行为……

　　王主任口若悬河的讲了一大通，最后他要求他们要如实地汇报自己的行为和思想情况，要深刻认识自己所做的一切，给党和人民带来的极大危害。要相互帮助，相互监督，相互揭发，要和坏人坏事作坚决地斗争，使他们没有藏身之处。

　　批斗会开过之后，就是写检讨。管理员要求大家要认真地写，要触及自己的灵魂深处。余年旺回到铺上就是一个劲的哭，屈辱和意想不到把他的意志击垮了，虽然是当着众人的面，但他已经没有了顾忌，嚎啕大哭。

管理员来到余年旺跟前，很轻蔑地说："有什么好哭的，还冤枉你啦？看你这个熊样，就是个叛徒。"

九、跳井

到了吃晚饭的时候，余年旺没有去。管理员说："不吃饭更好，还不如省下来喂狗呢。"

王强怕余年旺饿着，就偷偷的藏了一个馒头带回来给他。余年旺此时已经不哭了，眼睛直勾勾地看着屋顶，对王强递过来的馒头，他转过脸来，竟对王强笑了笑，说："谢谢你，我不饿，你留着吃吧。"

王强叹了一口气，说："谁也没有想到会是这样，太想不到了。"

余年旺又轻轻地笑了一下，不知是自言自语，还是说给王强听："我以为我自己还很聪明，实际上我就是个憨子，憨子容易上当受骗，憨子被人卖了，还会替人家数钱，憨子怎么能有好结果呢？"他拉过王强的手，又接着说："你是个好人，是个老实人，可是老实人是要吃亏的，你以后要多活动活动心眼啊。"

王强连忙说:"是的,是的。"看到余年旺那样,王强的心一阵抽搐。他想如果不是俺活动活动心眼,今天挨批斗的一定是俺,俺可不是无意中投入到美国鬼子的怀抱的,王主任根本就不用臆想和推理了,俺如果不打自招的就证明了自己是个叛徒,结果将会比你余年旺还要惨。

这时李海也过来劝余年旺吃一点,说:"你不吃又能怎么样呢?他们才不同情你,只能认为你在自作自受。"

余年旺有气无力的摆摆手说:"我永远都不会吃的,我也不会饿着的。"

李海说:"别说胡话了,是人不吃饭都会饿,人是铁饭是钢啊。"

余年旺没有再和李海说话,眼睛又盯住了屋顶,一会儿,他突然大声的喊道:"为什么要有战争?为什么要有战俘?我为什么不被子弹打死?不被炮弹炸死?"

那声音是那样的竭斯底里,一个屋里的人都被他这突如其来的喊叫吓了一跳。

李海默默地回到自己的铺位上,一把把自己的铺盖挪开,然后重重的把自己摔在上面,愤愤地说:"真不如死了好。"

由于下午发生的事情,令王强他们个个胆战心惊,他们已经没有了再去做其他事情的心情,于是都爬到铺上去睡觉,希望能一梦忘千愁。

第二天早上，王强醒来发现余年旺的铺是空的，心想他今天怎么起那么早，平时他可都是最后一个起床，为这曾被管理员熊过一次。

王强慢慢吞吞地穿着衣服，脑海里想着余年旺能去干什么去。想到他昨天晚上没有吃晚饭，也许是饿得睡不着觉，及早起来遛达去了。没有多长时间，悠扬的起床号响起来了，大家悉悉索索从铺上爬起来。王强已经穿好衣服，到门口遛了一圈，也没有发现余年旺的踪影。他又回到寝室，问大家："你们谁知道余年旺干什么去了？"

他们有的摇头，有的说不知道。有个人嘟囔道："你和他睡连边，你都不知道，我们更不知道他干什么去了。"

这时有人来问："你们班的余年旺在吗？"

王强说："不在，俺们还在找他呢。"

那人说："看来是余年旺了。余年旺跳井了，刚被捞上来。"

王强一听，他的头"嗡"的一下就大了。他急急忙忙就向食堂后院跑去，因为全管理处就那有一口井。老远就看到井的旁边有一群人，围着一具尸体在议论着。

王强到跟前一看，死的果然是余年旺。他肚子鼓得老高老高，衣服被撑得紧紧的，看来在临死前喝了不少水。他脸色苍白，并有点浮肿变形，眼睛睁得很大，眼珠子好像要掉下来，鼻子和张开的嘴巴，淌着一些浑浊的水。

管理处王主任也来了，他指着余年旺的死尸对周围的人说："余年旺这个叛徒，是自绝于人民，是死有余辜。"然后一转身，又指着井说："这里的水不能吃了，得淘井。"

十、恶梦

余年旺的死，并没有使王强他们的日子好过，他们依然是没完没了的写检讨。这一阵子，王强的文化程度得到了显著提高。余年旺死了，其他人的情绪低落，几个能提笔写字的人，更是像霜打的茄子，根本就不搭理任何人，别再说替王强去写检讨了。

王强没有办法，只好赶鸭子上架，一个字一个字的去学，好在他们都是一样的身份，因此他们被俘的动机也都差不多，为了过关，他们都把自己朝坏处写，写得越孬种越好，这样就显得深刻，就触及到了灵魂。王强也不例外，他把别人写好的拿来，就依着葫芦画个瓢，歪歪斜斜的抄写了一遍又一遍，因此认识了不少字。在这些人的检讨中，只要有一个人的检讨通过了，大家就问他怎么写的，到最后大家的检讨里，都有这么一句："我是一个不齿于人类的狗屎堆。"

到了相互帮助、相互监督、相互揭发阶段，李海出事了。

在一次班级会议上，一个叫侯有福的人向管理员揭发，说李海和余年旺关系好，把组织对他们的关心和爱护，认为是组织对他的残忍，说活着还不如死了好，极其恶毒的发泄对组织的不满，是他促使了余年旺的自杀，使归管处的形象受到了极大的损害。

李海没有想到，他随便说的一句话，竟成了别人献媚的礼物。

李海辩解道："我当时说活着没有死了好，是说的我自己，不是说的余年旺。"

管理员把桌子一拍说："说自己也是对组织的不满，是向组织示威。余年旺不该定为叛徒吗？他有什么可冤枉的呢？归管处对你们多么的关心和爱护啊，捧在手里怕掉了，含在嘴里怕化了，可你们不知恩图报，反而给归管处抹黑。"

为了防止出现第二个余年旺，归管处对李海进行了单独关押，表现积极的侯有福被任命为班长和寝室室长。

晚上睡觉，王强两旁的铺位空了下来，自己在中间显得是那么的孤独无助。他寝席难安，过了好长时间，终于迷迷糊糊地睡着了，却梦见自己被人抛入了波涛汹涌的鸭绿江，他拼命挣扎，呼喊求救，但都无济于事，噩噩浑浑的直向江底沉去……他是被人推醒了，才结束这个恶梦。他使劲地揉揉眼睛，好像要把刚才的恶梦从记忆中赶走似的，可是他哪里知道，他的恶梦才刚刚开始。

十一、回家

1954年的夏天，李海以反革命罪被判刑三年，蹲监狱去了。而王强则作为坏分子，被开除军籍，遣送回原籍。终于回到了魂牵梦绕的家乡，终于见到了日夜思念的父母，然而正值壮年的双亲，在王强的眼里，已经变成了垂暮老人。

在王强刚从朝鲜回来的时候，消息就传到了王强的家乡王山窝，说王强在抗美援朝的战斗中，是个孬种，叛变投降了美国鬼子。王强的父母不相信，说儿子不是那样的人。乡政府武装部的人告诉他们说，这是真的，你儿现在关押在东北的一个监狱里，正坐牢呢。

这消息对他们来讲，不啻晴天霹雳。在王强当兵那年，当时还不满十八岁的王强，对外出当兵也没有什么感觉，一是不想离开父母，二是弟弟妹妹还小，想帮父母分忧。这时村长找上门来，对王强的父母说："叫王强去当兵吧，咱们贫下中农应该带头响应政府号召，踊跃参军，去支援朝鲜人民打美国鬼子，保家卫国。如果美国鬼子打进来，咱们可就没有好日子过了。再说了一人参军，全家光荣啊。"

王强的父亲说："孩子还小，不懂事，怕到了队伍上，给领导添麻烦。"

村长"嘿嘿"一笑，很自信地说："你是说孩子还不到参军年龄是吧？这没有问题，俺说他够年龄他就够，你放心吧。"看到王强父母还有些犹豫不决，村长脸上的笑容不见了，他半真不假的说："别不识好歹了，有人想当兵还当不上呢。就说张志吧，他和他爹是一路货，黑的红的分不清，绿的黄的分不开，非得要去参军不可，要我在他体检的时候，帮帮他，叫他过了这一关。

"他眼睛色盲，不好使，你叫他上战场，这不是害他吗？"王强的父亲在为张志担忧。

"话不能这样说，张志要去，这是个光荣的事，俺支持他。好在这次招的就是一般步兵，对视力的要求不高，又不是让他去当信号兵，这不算什么的。"村长又和蔼的看着王强，故意惋惜的说："王强的条件多好啊，身强力壮，手脚利索，眼睛又好使，不去当兵就太可惜啦，一辈子在家种地，屈了。"

王强的父亲又说:"王强去当兵了,家里的地就没有人种了,他弟弟妹妹都还小。"

村长"哈哈"笑了起来,说:"你可是个种庄稼的好手,要说你们家没有人种地,谁信?王强虽然是个小伙子了,但给你比起来,不光地种不过你,就是力量头他也不如你。当然了,他走以后,家里、地里肯定要受影响。这不咱村马上就要成立互助组,单干是不行的,是落后的,只有组织起来,力量才会大无穷。我想好了,你家、张志家和小芹家成一个互助组是再合适不过的了。你们三家不光关系处的好,而且地还连地,垅还连着垅,无论在生活上还是在生产上,都能相互照应,你就让王强放心的去吧。"

王强还没有表态,这时王强的弟弟王钢抢着说话了。他说:"哥哥你就去吧,当兵多光荣啊,既威武又神气。家里的事你不用担心,俺能帮爸爸下地干活,割草喂牲口,妹妹能帮妈妈做饭、洗衣服,你不用牵挂的。"

村长说:"还是钢钢懂事体。"

王强被弟弟和村长说动了心,于是就报名参了军。走的那天,王强胸配大红花,显得分外有精神。最高兴的还是弟弟王钢,哥哥的形象是多么的高大完美,那身绿军装让他羡慕死了,他让哥哥把上衣脱了,穿在他身上。军装的下摆几乎到了他的膝盖,袖子也像舞台上的花旦般成了水袖。但他依然觉得很合身,穿在身上很自豪,时不时地摆一个英雄豪杰的架子。

小芹也很高兴，跑前跑后地招呼着王强的亲戚朋友，就像一个女主人。只有王强的父母，眼里噙着泪光。王强知道，父母舍不得他离开，他就宽慰他们说，自己很快就会回来，时间是很短的，一眨眼的事。看到父母那样，妹妹王娟也闷闷不乐。王钢看不起她们："这是个好事，有什么不高兴的哩？"

该上车了，父母的眼泪终于掉了下来，他们站在卡车下面，紧紧攥着王强的手，久久不松，一再嘱托他，到了队伍上，就请人写封信寄回家，好知道你的消息。家里的事也不要牵挂，父母身体健康、强壮，弟弟妹妹都很懂事，自己知道什么该做，什么不该做。地里的事，父母弟妹都能料理，实在忙不过来，还有互助组，还有政府哩，你只管安心服役。妹妹王娟在车下也哭成了个泪人，"哥、哥"的不停地叫着。

十二、绝情

他们多么希望他能平安无事。可是他却出了事：成了叛徒，在蹲大牢。这消息把他们击垮了，这太出乎意料之外了。他们从引以自豪的光荣之家，一夜之间变成了耻辱的人家。村里的人见了他们家的人，就像见到了瘟神一样，明明走在同一条道上，也要拐到另外一条路上去，或者等到王强家的人走过之后，他们再走，远远的就躲开了。

小芹家和张志家本来和王强家是一个互助组，小芹坚决地要和王强家划清界限，把王强家从她们那个组里给赶了出来。为表示自己的清白和高尚，并当众羞辱王强的父母，说："俺真是瞎了眼了，怎么没有看清王强的本来面目，王强叛变投敌，都是你们教育的，把他教成了一个叛徒，你们怎么还有脸活在世上，要是俺早就投河自尽了。"

王强的父母怎么也没有想到，这些年来，"大爷、大娘"长，"大爷、大娘"短，有时还会以儿媳自居——他们也把她当成闺女看，温顺的像个小绵羊似的小芹，竟会说出如此歹毒的话来，这就是连一般关系的村民都说不出口的啊，她说得竟是那样的咬牙切齿，不共戴天，令王强的父母感到就是到了世界的尽头，她们一下子苍老了许多。

王强的家乡王山窝，是坐落在一群连绵丘陵中的一个小山村，村子不大，只有二、三十户人家，交通不便利，县里的票车不通到这里，如果出门赶陆路的话，那就全靠两只脚了，走到十里开外的票车停靠点，买了票上车，这样两只脚才能歇下来，如果怕花钱，就只有不停的走下去。可是如果走水路的话，倒也能节省很多体力，因为村前一条淮河支流的支流——龙河蜿蜒而过。平时河面水流平缓，河水清澈见底，是竹排、木筏和小船上下行驶的最好时光。如果遇到狂风暴雨，龙河就好像迎接龙王出海一样，河水上下翻腾，携沙带泥，浑浊不堪，水流也湍急起来，这个时候就是舟船不宜了。

王强回来的那天，龙河倒也风平浪静，于是王强和县上遣送他的人，就乘竹排来到了王山窝。

对王强的平安回来，王强父母心头中悬着的石头终于落了地。在他们眼里，不管王强是什么身份，只要王强平平安安、完完整整的回到他们身边，就是最好的身份。妹妹也很欢天喜地，她自然不懂什么是坏分子好分子，她只知道关心她、疼她的大哥回来了，就是最大的好事。全家人只有王钢好像不高兴，他阴着脸，噘着嘴，对王强爱搭不理，王强叫了好几声"小弟"，他半天才"嗯"了一下。

王强的回来，对王家的农业生产是件好事。父母逐渐老了，对春耕秋收这样田里较重的农活，他们是有点力不从心了。而弟弟妹妹又尚未成年，而且还在上学，无论是在体力上和时间上，他们对家里都不会有多大的贡献。王强正值青春壮年，要力量有力量，要时间有时间，各种农活他也能拿得起放得下，同时王强也不惜力，因此虽然全村就他一家是单干户，但王强的父母认为，全家人拧成一股绳，日子也不会比其他人过的差。

在同父母的交谈中，父亲告诉王强："咱们虽然不和张志家在一个互助组了，但是他们家有什么事，特别是一些他们意料不到的事，咱们还要尽量的去帮助他家。"

王强说："那是应该的，一个村子住着，谁也都不是神仙，谁都有用着谁的地方，到时自然会帮他的。"

接下来父亲的一些话，却是王强怎么也没有想到的。

"张志牺牲了，他父母也很伤心。他们的岁数也大了，身体比我和你娘也差了许多。他哥结婚，花费了不少。最近因为抚恤金的事，他哥和他父母闹翻了，分家单过了，还入到了别人的组。"王强的父亲说的很是平静，而王强听了则是前所未闻、目瞪口呆。

张志明明去了台湾，怎么会是牺牲了呢？他感到不可思议，于是脱口而出："张志牺牲了？"

王强的父亲说："是啊，你和他在一个队伍上，还能不知道？"这下该轮到王强的父亲疑惑了。

王强说："俺怎么能不知道啊。俺和他不光在一个队伍上，还在一个班里，在一个锅里吃饭，在一个铺上睡觉，在一个坑道、一个战壕里和美国鬼子打仗哩。"

"就是，他的情况你是应该清楚的。"王强的父亲说。

"张志活地好好的,根本就没有牺牲,他和俺一样,也被俘了,只是在俘虏营里,他选择去了台湾。"王强的话把王强的父母和王娟说得一愣一愣的。

王钢听后,把眼睛一瞪,很鄙视的瞄了王强一眼,说:"你胡说,张志哥是被美国鬼子打死的,身上被美国鬼子打了数不清的枪眼,死的多英勇。你自己被俘了,也说别人被俘了。"

王强的父亲瞪着王钢说:"怎么和你哥说话呢?"然后转过头来对王强说:"到底是怎么回事,咱们这里可都以为他牺牲了,成了烈士,县里每年还都给他家发抚恤金呢。"

王强于是把在俘虏营里见到张志的事说了一遍,并强调说张志绝对没有牺牲。

"唉。"王强的父亲叹了一口气说:"真是活见鬼了,上面说张志看到战友们渴的厉害,就去到阵地不远的水沟里取水,结果被敌人发现了,机枪就扫了过来。张志牺牲的很壮烈啊,说身上被打成了马蜂窝,头也给打没了,手里的水壶也被打了几个洞。后来被大雪埋了好长时间,战争结束都没发现,一直到了秋天,上山摘野果的朝鲜老百姓才发现他。"

"怎么知道死的就是张志哩?"王强这句话既是问父亲,也是问自己,因为死的一定是别人,而不是张志。

王强的父亲说："听人家说死的这个人尸体和衣服都腐烂了，无法辨认，只有他手里的水壶上有'张志'两个字。"

王强想明白了，死的是小胖。因为小胖的水壶在敌人一次猛烈的炮火轰击中，被坑道里震落的石头砸扁了。此后他不愿意用牺牲战友的水壶，认为不吉利，于是他就用班长、张志和王强的。王强清楚地记得，小胖失踪的时候，他和班长的水壶都在，唯独少了张志的。小胖不是像班长所讲的那样是去投降了敌人，也不是他和张志所想的那样溜回了后方，而是不声不响地去汲水了。

十三、下地干活去

王强把自己想到的向家人讲了一遍，王强的父母认为王强所说的话，是有道理的，他们为张志没有死感到庆幸，为小胖的遭遇感到痛惜，又为张志和小胖的家人不知道真相而惋惜。王强的父母又叮嘱王强、王钢、王娟三兄妹谁也都不要对外面讲，这件事要是说出去，不知道会惹多大的麻烦或者灾祸哩。

王强说："这事只能烂在肚子里，说出去可就害了张志家了。"

王娟很懂事的点点头,说:"俺保证不说出去。"

王钢对王强还是有抵触,开始对王强的话将信将疑,后来看到王强说得那么认真,父母又特别叮嘱,他也就觉得这事可能是真的,王强在他心目中的形象也发生了一些变化,因为张志已经不是英雄了,并且还跑到了国民党那边,与人民为敌了,还不如他哥哥王强哩,因此他也就不再和王强顶牛了,就说了声:"知道了。"

王强回来的第二天,就和父亲一起到地里干活了,他是给自己地里的玉米苗锄草去的。这时玉米苗刚刚长出二、三片叶子,杂草也就跟着长了出来。虽然二、三年没有干农活了,但是王强并没有忘记,做起来还是很得心应手的,再加上杂草并不是很多,所以不到一个上午,王强家的庄稼地里的杂草就被他们俩锄的差不多了。

在歇息的时候,王强问父亲:"小芹家的地里,杂草好像比咱们的多?"因为他在锄草的时候,发现小芹家的地里的杂草,不像他们家地里的那样又稀又小,而是又稠又大。

王强的父亲叹了一口气,说:"不光她家是这样,就是张志家的也是这样。平时她们俩家都没有锄过,就是想叫对方来帮着干,自己不去锄,能偷一回懒,就去偷一回。有时就是来锄草,也不掏力,慢慢腾腾的,恐怕自己的干完了,再去帮别人。"

"庄稼人怎么不想着收拾庄稼哩?这到了秋上,能有个好收成吗?"王强感到不解。

"谁说不是，可人家愿意这么做，有什么办法。"王强的父亲将锄下的草一边打成捆，准备背回家去喂羊，一边回答着王强。

王强看到小芹家地里的草，有的长得超过了玉米苗，觉得实在不锄不行了，就对父亲说："咱家锄好了，俺去给她家锄锄吧。"

父亲不高兴，说："咱们和她家不搭腔已经很长时间了，你去锄她家的地，是不是吃饱了撑的？"

"帮她家锄草，她不会不乐意吧？"

"你要想帮她，你就帮她吧，俺怕好心当成驴肝肺。"父亲说完，就用锄把往捆好的草堆上一别，然后举起来，放在肩上，锄头朝下，背起来回家去了。

王强在小芹家的地里干了一回儿，就到了晌午。这时日头正高，阳光直射在身上，毒毒的让人难以忍受。王强擦了一把汗，抬头看看地里的杂草还很多，他想一时半回是干不完的，还是先回家去，等吃过晌午饭再来干。

刚锄下来的草，还是很鲜嫩的，羊和牛都爱吃。这些草如果不及时弄回去，毒毒的太阳晒一会儿，就会马上干枯，牛和羊就不喜欢吃了。王强知道小芹家有一头牛，原先他们三家一个互助组的时候，他家也用小芹家的牛来耕地，三家的小孩外出割草，回来时也都主动的给小芹家送去一些，来喂他们共用的那头牛。现在王强家单干了，小芹家也就不让王强家用那头牛了，每当需要犁地的时候，王强家就要花钱或者给人家一些粮食，求哥哥拜姐姐，雇人家的牛用。虽然小芹家和她家断绝了来往，但王强却想着这锄下来的草，是小芹家地里长出来的，还应该给小芹家送去，去喂那头能干又能吃的牛。由于他和父亲就拿来一根绳子，又叫他父亲捆草带走了，他只好用锄下来的扒根草，编成一个长长的草绳，把剩下的草捆好，也和父亲一样，用锄把往草堆里一别，然后小心翼翼地举起放在肩上，背了回去。

在回来的路上，王强竟然碰上了小芹。她是王强在朝鲜战场上，曾经让他日夜思念的人。他在被俘虏前，他认为等仗打完回家了，他就可以和小芹登记结婚了，小芹在家也一定很想他，她可能也等得很着急了。年轻力壮、青春勃发的他，多少次兴起难耐。他不止一次的后悔，后悔在临别的那天晚上，他没有和小芹男欢女爱，同时后悔之中，还掺杂着对张志的怨恨。

十四、好事难成

那是在一个天上挂着一轮大半个月亮的夜晚，在王强家的大门口，当王强和家人把来客都送走的时候，小芹仍依依不舍地站在王强身边，她和王强靠的那么近，能感觉到彼此的体温。

王强的父亲看着小芹，很过意不去的说："小芹啊，白天你跑前跑后，又是忙地里的，又是忙家里的，累了一天了，晚上你还陪着俺们招待人，你快回家歇息去吧。"

小芹低着头，看着王强的脚尖，轻轻地说："俺不累。"

王强的父亲刚要张嘴，还想说些什么，被王强的母亲使劲推了一下，说："赶紧回屋里拾掇拾掇去。"王娟在一旁很懂事的把她父亲拉到院里。他这才明白起来老婆子和闺女的用意，他感觉有点臊的慌，连忙三步并作两步的走进屋子。

大门外只剩下了王强和小芹，天上月光似水如银，柔柔的飘洒在他俩的身上，也涤荡着他俩不同的心思。王强想到明天就要离开这个生他养他的小村庄，离开父母，离开弟弟妹妹，离开他身边这个和他经常嬉笑打闹的人，他还是有些伤感。

小芹的心情是很兴奋的，因为明天王强就成为一名正式的军人了，他是多么荣耀啊，他的同龄人是多么的羡慕他啊，他要是成为她的男人，她也该是多么的了不起啊。想到这些，她已经没有了少女的矜持，主动地拉起了王强的手。

王强作为成年人，这是第一次接触小芹的肢体，下意识地将手缩了一下，但他马上就明白了是怎么回事，手连忙就又向前伸了出来，反而主动抓住了小芹的手。五十年代初，中国农村一个偏僻的小山村，是没有电的，更不知道电流是干什么用的。而此刻的王强却感觉到了被电着了，感觉电流通过了他的全身，加速了他心脏的跳动。而作为"发电机"的小芹，却很平静，她对王强说："你到了队伍上，会很快忘记俺的。"

王强紧紧握住小芹的手，尽情地感受那种过电的滋味，语无伦次、神志不清地说："不会，不会的，俺想你的。"

小芹往王强跟前又靠了靠，说："你想俺什么呢？"

王强没想到她会这样问他，一时不知道该怎么回答她。是说想她俩经常在一起，想什么时候见面，就能够什么时候见面，然后一起下地干活，割草喂牛。或者在一起游戏玩耍，甚至吵嘴骂架。这些都因为他的离去，再也不能这样了，而感到想的慌。还是回答她说自己身体上的某个部位，想和她身上的某个部位亲密接触呢？

此时昏昏沉沉的王强，那想法也就是一闪念，他是有冲动的，他想小芹可能是想叫他以实际行动，告诉她他想她的是什么。他试着用胳膊揽住小芹，小芹果然没有拒绝他，很顺从的让他抱住，并且还抬起头，先用手捧住王强的脸，然后再向前伸去，最后用胳膊缠在王强的脖子上。

他俩贴的是那么近，王强的双手搂住小芹的腰，嘴巴亲在小芹的额头上，他们就以那样的姿势站着，谁都没有说话，却都能感受到彼此心跳加速，呼吸急促。过了好大一会儿，王强的一只手慢慢地钻进了小芹的上衣里，然后向她的胸前摸去。就在这时，不远处张志家的院门"吱"的响了一下,王强和小芹被突如其来的声响吓了一跳,他们连忙将粘在一起的身体分开,并下意识地后退了一、二步。

十五、好心当成驴肝肺

张志从家里走出来,他大步流星、没走多少步,就到了王强和小芹面前。在月光下见到他俩在一起,张志并不感到意外,他只是笑笑说:"那么晚了,亲热够了吧,该睡觉了。"

小芹顿时脸上发起烧来,好在是晚上,谁也注意不到。她以为刚才王强的举动被张志看见了,但是又一想不可能,他根本就看不到,这是他张志的臭嘴胡乱说的。

王强也在心里发狠,埋怨起张志来:你也太差劲了,怎么这个时候来捣蛋啊。但没有表现出来,怕张志以后和他没完没了地闹。

小芹不高兴,但她从来都不会藏着掖着,她冷冷地说:"亏着说该睡觉了,你怎么还死着往外跑。"

张志知道自己来的不是时候,他没有想到会在王强的家门口撞上他们:你们要亲热在屋里,或者再离家远一些,俺不就看不到了吗？但总归是自己耽误了别人的好事，所以他没有和小芹计较，依旧笑着说："俺就是想睡觉，才来找王强的。"

王强没有听懂张志说得的是什么意思，小芹更是一脸迷茫。

王强说："你睡你的觉，找俺做什么？"

张志说："俺姨家来了几个老俵，路远晚上不回去了，家里睡不下，俺想找你打通腿(一个被窝睡觉)。"

王强那个气。王强家是三间堂屋，两间东屋。一间东屋是用来放置农具和柴草等杂物，另一间生火做饭当厨房用的。三间堂屋中间的一间，北面的墙上贴着毛主席像，下面放着一张供桌，桌上随手放着两盏油灯和一些瓶瓶罐罐等小物品。在东、西两墙根边，摆放着两把用竹子编成的椅子和几个用木头做成的小板凳，这间屋就是用来招待人用的客厅。东边一间由王强的父母住着，西边一间就是王强和他的弟弟妹妹住了。屋里放着两张床，一大一小。大点床能睡开王钢和王娟两个人，小一点的就只能睡开王强一个人。所以张志要和王强打通腿，那个小床睡上两个大人，就太拥挤了。

王强说："俺不是不想叫你在俺家住，是俺那张床睡不下两个人。"

张志"嘻嘻哈哈"地又笑了起来，说："和俺睡不下，那你俩咋睡下的呢？"他和他俩开玩笑习惯了，张嘴就来。其实张志心里也和其他村民一样，都认为王强和小芹早已经是两口子了，他这句话说是玩笑就是玩笑，说不是玩笑话，那就是真话，亦真亦假。

这话王强听着是开玩笑，因为他和小芹没有张志和其他村民想象的那样。可小芹听了却感到委屈：她和王强到目前为止，只是拉了拉手，相互抱了一下，连嘴都没亲过，可你们都以为俺和他有关系了，这使她很不高兴。好心情被张志破坏了，好景致也没有了，她恼羞成怒，恶狠狠地对张志说："你喳屎的嘴能不能别胡乱喷粪。"说罢气鼓鼓的家走了。

王强以为他和小芹的好事，就这样被张志给搅黄了。

这天实际上是小芹故意在路上等着王强的。王强的父亲回到家后，王强的母亲问他王强怎么没有回来。王强的父亲说他在小芹家的地里锄草呢。王强家和小芹家仅一路之隔，王强家在路东，小芹家在路西。小芹正在院里晾衣服，这话被小芹听到了。她感到王强这人真是个神经病，自己家的草锄完了，还去锄别人家的？村里没有一个人这样做过，因为锄草在农活中是既累又苦的。一次下来，胳膊发酸腿发颤，腰也难以直起来，这是累。温度低的时候，水汽不能蒸发，草根不容易死掉，没有几天，它还会长出来，只有在毒毒地太阳底下曝晒，草根失去了水分，彻底的干死，这样锄草效果才好。所以太阳能把草晒死，也能把人晒得火烧火燎，这是苦。他打仗是不是打憨了，或者是不是蹲劳改蹲憨了。

好人多的是，也没有见谁到她家地里去锄草，全村就他这么一个坏分子，怎么会为她做件好事呢？他不知道他们两家已经闹得天翻地覆了吗？她和他早已不就情断义绝了吗？他肯定知道，知道还这么做，他一定有什么企图！她坚信人是无利不起早的，因此她想闹个明白。晾完了衣服，她也没有回屋里去避避太阳，而是在院子里踅过来踅过去，就想等到王强回来，听他和父母说些什么。一直到了该吃晌午饭了，王强都还没有回来。小芹有点存不住气了，她想王强真想把她家地里的草锄完吗？不行，她要去看看，看看他到底在干什么。出门没走多远，就看到王强扛着一大捆草回来了，她就停在路旁等他。

当王强看到小芹的时候，感到有点愕然，他知道早晚会见到她，虽然他是这样的身份，他也很自形惭愧，但他也很想见到她。两年多的时间没有见面，王强发现小芹变化很大了。她穿着粗布的蓝色裤子，看着有些肥大。上身穿的是细花对襟的紫色洋布褂子，看上去有点小，胸脯绷得紧紧的。

小芹看到王强背后的那捆草，好像突然明白了什么，刚才对王强的一点点的好感，顿时荡然无存了。她轻蔑地对王强说："真是坏分子，回来了也不忘做坏事。"

王强没有想到，他们俩的第一次见面，小芹竟然会这样说他，何况还是给她家做过好事之后，他真不明白，是什么使她变成这样。

王强放下草，擦了把汗说："俺做什么坏事了？"

小芹指着那捆草说："偷俺家地里的草，还说没有做坏事？"

王强松了一口气，说："俺没有偷你的，知道是你家地里，你家地里草长得都超过玉米苗了，俺家锄完后，顺便给你家锄了下，这草也是准备给你家送去的。"

小芹"嘿嘿"冷笑了两声，说："你说的真好听，又是给俺家锄地，又是给俺家送草，真是个好分子，可是你骗谁哩？如果不是被俺发现了，这草你不就背回你家去了？"

真叫他爹说对了，好心被当成了驴肝肺。无故被人冤枉，王强急得赤红了脸，他分辩道："俺没有偷，俺真是要给你家送去的。"

"你这样说谁信呢。"

"你信不信随你。俺本想给你送到家的，你来了，就拿回去吧。"王强又乏又渴又饿，不想再和小芹纠缠，撂下草想回家去。

小芹不依不饶，挡住他的去路："俺说你偷俺家的草，你说不是的。咱俩说的都不算，咱们去找村长评评理，他说你偷了，那你就是个小偷。他说你没偷，俺给你赔不是。"

王强心想就这么一点草，还要到找村长评理，根本就不值得，再说村长怎么会管这连个屁都不如的事哩？所以王强不愿意去，说这点事还要去找村长，太丢人现眼了。

小芹说俺不怕丢人现眼，俺就得叫村长给俺做主。王强哪里知道，自从小芹当众和王强家划清界线后，村长就不止一次的表扬小芹阶级觉悟高，爱憎分明，政治立场坚定，是咱们王山窝村青年学习的好榜样。打那以后，小芹就感觉到不论她和谁发生争执和矛盾，只要村长在或者对村长说，村长就会毫不留情地把对方狠狠地熊上一顿，错误永远是对方的，她小芹好像是永远正确的。

十六、偏听偏向

村长家住在村子的东边，离王强和小芹争吵的地方并不远。当他俩来到村长家的时候，村长正要拿起饭碗吃饭，看到小芹来到大门口，连忙放下碗筷，走出堂屋，又走出大门。村长中等身材，时年四十出头，可谓年富力强。他满面笑容对小芹说："有什么事哩？"对王强他连看也没看一眼。

于是小芹就把王强到她家地里，偷割她家的草，被她发现了一事，向村长讲述了一遍。

村长听罢，转过脸来，异常严肃地对王强说："你怎么能这样做，你太不应该了。你以前也是个军人，也应该知道不拿群众一针一线,你怎么能去偷人家的草哩?"

王强没想到村长会直接就相信小芹的话,说他是偷的,他连忙分辩:"村长,俺根本就没想要这捆草,俺一开始就是要给她的。"

村长问王强:"这草是哪来的?"

王强说:"是小芹家地里的。"

村长说:"这不就结了,她家的草怎么会跑到你身上?现在人证物证都在,你还不承认?"

王强还想再说什么,被村长一挥手搪了回去:"你不用再说了,怎么狡辩都是无用的。你回去好好想想,怎么就不接受教训呢?昨天你还当着县里的同志,说要好好劳动改造,悔过自新,重新做人,今天就做了你不该做的事,你还有什么好说的哩。"

王强这时才感觉到,这里和归管处没有什么区别了,他思念的家乡已经不是二、三年前的那个家乡了。是人是物非,还是物是人非啊。再申辩已没有任何意义,他只能委屈地对村长说了声:"俺真不是想偷的。"

王强走了,小芹的心情就像当时的天气一样,晴朗朗的,她也要回家,可是村长却把她叫住了。

村长的脸又变成了一朵花:"小芹啊,你光知道王强偷割你家地里的草，你可知道他把你家的玉米苗踩毁了没有啊？"

小芹一听，"哦"地一下怔住了，说："俺没有到地里去，俺不知道。"

村长的目光在小芹鼓鼓的胸前，扫过来扫过去，然后显得特别关心地说："咱们到地里去看看吧，他要是踩毁了，俺叫他赔你。"

小芹想也是，庄稼苗要比野草金贵的多。她连声的对村长说："好好好。"

村长听后，心花怒放。他连忙折回院子，对屋里的婆娘喊了声："你们先吃吧，不要等俺，俺还有事。"然后火急火燎地走出院子，领着小芹向她家地里走去。

在小芹家的玉米地前，刚才还是满面春风的村长，现在却是冷若冰霜。他指着那片玉米地说："你看看你们家的玉米，你再看看王强家的，你家是种草哩还是种庄稼？"

小芹看到，王强家的玉米地里，一颗杂草也看不到，玉米苗个个叶宽茎粗，绿油油的，生机盎然。再看看自己家的，杂草疯长，庄稼遭殃，有的杂草已经超过了玉米苗，只有刚才王强锄过地方，玉米苗才算有了一席之地，也才有了出头之日，更没有一个被踩毁。但是她家的玉米苗像是被霜打过的，既黄的黄、绿的绿，又高的高、矮的矮，和王强家的形成鲜明对比。即使是个憨子、无赖这时也知道个好歹了。小芹的脸红了，她不好意思的低下了头，她良心有所发现，她有那么一点感觉到是冤枉了王强。

村长用眼睛的余光发现了小芹的变化，他认为是他刚才的威严起了作用，心里又是一阵窃喜。他一把抓住小芹的手，用另外一只手边抚摸边说："王强真是给你家锄草了，你看他锄得比锄自己家的还净，还没有踩毁一颗苗。按他的品行，他也不可能偷你家的草，他可能是给你家送去的，看来是大叔冤枉了王强。可是小芹呀，大叔一点也不想看到你受委屈，俺是从心里疼你哩，只要你高兴，俺就是冤枉了十个王强，俺也心甘情愿。"

村长的话，说得小芹心里不知道是什么滋味。她没有从村长大叔手里抽回自己的手，她想他是自己的长辈，他不会对她有什么非分之想，他要摸摸她的手，就让他摸摸好了，又不能摸少了什么。可是她想错了，村长是不会到此为止的。

十七、失去贞节

村长的抚摸停了下来，他心事重重地叹了一口气，说："为了你，俺可不光得罪王强一个人，村里很多人都对俺有意见哩，俺这个村长当得真窝囊，俺图个啥哩？俺有时真不想干了。"

小芹说："俺知道你对俺好，俺谢谢你，王叔。"

村长就好像在等她这句话似的，脸上又笑成了一朵花："你怎么谢俺哩？"

小芹很认真地的想了想，说："到了秋上，俺给您送棒子"

"俺不要棒子，俺要人。"村长已经欲火焚身了，一把就把小芹搂在了怀里，一只粗糙的大手就按在了小芹的胸脯上。

小芹无论是在气势上，还是在心理上，都已被村长压倒了，想想村长就是村里的皇帝，她不敢反抗；想想村长对她的好，她不能反抗；想想以后还得用上村长，她也不想反抗了。这时她脑海里又冒出了另外一个念头，就是村长和村里几个娘们鬼混的事，她认为她只有结了婚，才可以和村长这样。于是她喃喃地说："俺还没有结婚哩。"以此想让村长停下来。

这种想法是多么的天真啊，就像一只小羊，对一头饿狼说俺还小，你吃不上几口的，等俺长得由肥又大了，你再吃俺吧。饿狼会不吃它吗？不会。所以村长也不会停下来，他的手在小芹胸脯上揉搓了几下，然后移到了她的腋下，要解开小芹褂子上的扣子，他边解边说："俺一回儿就让你结婚。"

扣子被他很利索地解开了，小芹白嫩丰满的胸脯就呈现在了村长的眼前。他的那只手又回到了小芹的胸脯上，使劲地扭捏起她的两个奶子来。

小芹在村长怀里一颤一颤的，感到浑身无力，她嘴里不停地说："王叔，俺痛。"

村长心里又是一阵欢喜：俺在她奶子上并没有用多大劲，她就说痛，看她的样子好像不是装的，她可能还是个处哩，好像还没有和王强睡过。不过她和他到底睡过没睡过，一会儿就知道了。他压抑着自己的兴奋，轻声地顺着小芹说："俺轻些，俺轻些，叔还以为这样你好受哩。"

村长大手上的劲果然小了，小芹的疼痛感减轻了一些，但奶头上仍然有阵阵地刺痛。她万万没有想到，为了一捆杂草，会付出这样的代价。她感到委屈，泪水顺着眼角流了下来。这时村长的手从她的胸脯上向下移到了她的小肚子上，他要解她的裤带。

小芹本能地攥了一下裤腰，有气无力地说："俺不想让人看见。"

村长很粗暴地将她握住裤腰的手拨开，对她说："没有人，都在家吃饭哩，谁会到地里来。"他把小芹放在地上，然后快速地将自己脱了个溜光，把衣服铺在地上，再把小芹推倒在衣服上。他解开了她的裤带，把她的外裤连同她里面小裤衩一起扒了下来。看到已经成为一只小绵羊的小芹，村长肆无忌惮地大笑起来。

在小芹听来，那声音是那么的瘆人，她无助的闭上眼睛，任由村长摆弄。

"哈哈哈哈，小芹啊，怪不得你那么凶，你是个白老虎哩。"

为了一捆草，小芹失去了贞操，而且还是在光天化日之下。在小芹家的玉米地旁，折腾完了的村长安慰着小芹说："只要你和俺好，俺不会亏待你的，俺明天就叫人把你家地里草给锄了。"村长抬头看了看天说："时候不早了，咱们回去吧。"

小芹忍着疼痛，慢慢地坐起来，她没有看村长，无神的眼睛盯着地面，片刻才说："你先回去吧，俺一会儿再走。"

村长说："好，好，俺就先回去了。"他拿起刚才给小芹擦拭污秽和血迹的裤衩，丢下一句："以后有什么事，只管找俺，俺会给你做主的。"说完就走了。

感觉村长走远了，小芹把头埋在自己的两腿间，嚎啕大哭。

十八、踌躇满志

村长洋洋自得地回到家里，把手里的裤衩向木盆里一丢，高声的对婆娘喊道："把这个给洗了。"瞧瞧儿子天成不在家，就自己找了把躺椅，然后重重地摔在上面，嘴里嘟囔着："真把俺给累死了。"

村长的婆娘听到他的喊叫声连忙来到他跟前,看到他那个样子,就怯怯地问了句:"你干什么累的呀?你怎么不叫天成帮帮你呢?"

村长"扑哧"一声笑了,说:"你他娘的真会瞎胡扯,这事能叫天成帮吗?赶紧给俺端饭来,饿死俺了。"

村长狼吞虎咽地吃完了饭,在躺椅上眯了有一袋烟的功夫,就又自己脱掉裤子,高声吆喝起婆娘来:"给俺找个裤衩,俺还得出去。"她婆娘正在院子里给他洗弄脏了的那个裤衩,听到喊叫,连忙起来,边擦手边走进屋里,从箱子里拿出一个裤衩来,给他送去。

村长穿好衣服就走出门来,他想到王强家去一趟。他到王强家去有两个目的:一是想缓和缓和他和王强的关系,二是想到王强跟前摆显摆显。他早就想把小芹搞到手,可是小芹怎么会跟他呢?全村的人都知道,小芹和王强好,特别是在王强参军以后,小芹更是以为自己是王家没过门的媳妇。这时别说村长挖空心思地勾引她,就是小芹主动脱光了衣服,他村长也不敢上,因为王强和小芹处对象,就成了半个军婚,他要是敢碰一下,那是要坐大牢的,他可不会拿自己的前程去满足自己的欲望,再说搞不好还会鸡飞蛋打。真是天有不测风云,人有旦夕祸福。令他没有想到的是,王强会在朝鲜战场上当了俘虏,更没有让他想到的是,小芹会是那么的薄情寡义,和王强彻底地断了个一干二净。从此村长开始对小芹温水煮青蛙，今天这只青蛙终于被他煮熟了，在这个煮青蛙的过程中也有一份王强的功劳。如果不去帮小芹家去锄草、如果不把锄下来的草去送给小芹、如果不和小芹一道找他评理，那这只青蛙什么时候能煮熟，不知道是驴年还是马月。所以他要谢谢王强，可是这个谢是他赐给王强的：俺不来谢你，你又能奈俺何？他来谢王强，又能很自然的实现他的第二个目的，趁机摆显摆显：你王强和小芹以前不是好得很吗？不是如漆似胶？别人还以为你把王山窝的美人给睡了呢，实际上你王强是猫咬尿吧——瞎欢喜！你连小芹那里是什么样的，你都不一定知道，可是俺今天就享用过啦。他越想越惬意，哼着小曲来到了王强家。

王强回到家，没扒拉几口饭，就倒床睡觉了。饥饿和疲劳好像消失了，代替的是耻辱和委屈。要不是有家里人在，他真想狠狠地扇自己几个耳光：不听老人言，吃亏在眼前。怎么就不听父亲的话，而去帮小芹锄什么地。自取其辱，自取其辱啊。俺没有得罪你小芹，俺家也没有得罪你小芹，你小芹就那么狠心呢？到底是什么使你变成这样？村长为什么也一个劲儿的向着小芹，听都不听俺的辩解呢？甚至都不容俺辩解呢？太多的为什么，像一堆难以理清的乱麻，使王强的脑袋难以忍受，他昏昏沉沉地睡了过去。

不知道睡了多长时间，王强被他爹的叫喊声给唤醒。他睡眼惺忪的从床上爬起来，然后走到院子里。

王强的父亲见王强从屋里走出来，就对他说："你帮俺削柳条子,俺把这个粪箕子编好。明天吴庄逢集,钢钢放假不上学,你俩去把它给卖了。"

王强和王钢玩不拢,就说:"不就这几个粪箕子吗?俺能拿了,俺自己去就行啦,不要他跟着。"

王强的父亲边编边说:"不是叫他跟着帮你的,是叫他认识路和怎么卖的,下次就叫他自己去,你就不要去啦。"

王强"哦"了声,就拿起地上的篾刀,削起柳条子来。爷俩正干着,就听村长在大门外高声喊了起来:"王玉德、王玉德。"

王强的父亲放下正编着的物件,刚站起身来,村长就跨进门来。

王强的父亲笑脸相迎地说:"村长,您找俺有事?"

村长此刻心情好极了:"没事就不能找你吗?"他说。然后随手拿起一个粪箕子,嘴里不住的"啧啧"道:"看这粪箕子编的,多扎实,起码能盛四十斤大粪。俺说玉德啊,不是俺奉承你,你这手艺在咱们王山窝是没有人能赶得上的。"

王玉德连忙摆摆手说:"哪里话、哪里话,咱王山窝比俺编得好的人多的是,俺这不算啥。"他嘴上应酬着,心里却纳起闷来:太阳从西边出来了,他村长好长时间都没有到俺家来过了,即使来了,脸也绷得像个墨斗子,说不上两句就走了,今天怎么跑来对俺说起好话来了。

村长放下粪箕子，这才用眼光扫了一下王强，好像才发现他似的，说："王强也在哩。"

受了冤枉的王强不像他爸表现的那么热情，只闷声闷气地"嗯"了声，算是打了招呼。

村长表情不像刚才了，他有点严肃地对王玉德说："一会儿开个互助组长会，俺要说一下互助组的事。"

王玉德照旧陪着笑脸说："村长你怎么忘了，俺早就不在互助组了，更不是什么组长了。"

村长恍然大悟似的，连声说道："嗷……对对对，俺怎么忘了，俺真是忙晕了头啦。朱小芹那组的组长是她爹，俺以为你还是当着哩，俺这就到她家去。"

王玉德讨好地说："村里的事情多，你一时记错了，是再常见不过的啦。"

村长转下身，对着王强笑了起来，说："俺刚才和朱小芹一道，到她家地里去看了一遍，你确实是帮她家锄草了，你也不可能要她家的草，是俺听了朱小芹的话，才冤枉了你，是叔不好，叔给你赔个不是，你原谅叔吧。"

听村长这么一说，王强的气消了一大半。没有想到村长并没有完全相信小芹的话，而是去核实了一遍，并知错就改。可是令王强迷惑的是，当他和小芹都在他面前的时候，他为什么不去核实一下再下结论，而是不问青红皂白的就说俺偷了小芹家的草呢？

村长并没有让王强想明白，就又自顾自地说了起来："王强啊，俺当时就在地里狠狠地批评了朱小芹，她也太不像话了，看她那白白净净的样子，怎么就不学好哩。以后她要是再敢欺负你，你给叔说，看叔不好好地整治整治她。"说完就离开了王强家。

送走村长后，不知道事情原委的王玉德，既像是对王强说，又像是自言自语："他今天是怎么啦，怎么会忘了咱早就不在互助组了？他做错的事还少吗，他给谁陪过不是了？说这些不明不白的话，是什么意思哩？"

王玉德搞不懂，王强也是迷糊的。

十九、支持

从王强家出来，穿过只有七、八步宽的小路，就来到了小芹家的大门外，村长停在大门口，对院里喊："朱贵、朱贵。"

小芹的娘听见有人叫她当家的名，一边"哎、哎"的应着，一边忙从屋里走出来，看到大门外的村长，满脸堆笑地说："是她叔啊，快进来。"

村长站在门口，说："俺不进去了，你那口子没在家吗？"

"不知道他死那去了。"

"等他回来，你告诉他，叫他到村部开个互助组长会。"

"好，他回来，俺就叫他去。"

"你家小芹也不在吗？"

"在哩，正洗澡哩。"

"这孩子就爱干净。哎，要是你当家的不得闲，就让小芹去也行。"

"他有什么不得闲的，俺一会儿就去找他去。"

"好吧。"村长说完，又去找其他互助组长去了。

通知一遍后，村长就回到了村部。这村部原来是地主王宝山的家，原先的村部是解放前遗留下来的。土改的时候，区委书记来到了王山窝，看到当时的村部破旧不堪：三间小毛草屋，连个院墙也没有。而地主王宝山的房子，是王山窝村最好的：五间瓦房，三间配房，院墙高大。这使区委书记很不高兴，他在群众大会上说，王宝山的地是靠剥削劳动人民得来的，我们要给他分掉。同样他的房子也是靠剥削劳动人民建成的，是劳动人民的，它必须回到劳动人民手里，不能再让他侵占劳动人民的财产。就这样，王宝山搬到了原来的村部，他的房子就成了现在的村部。

区委书记走后一段时间，区长也来了。他看到深宅大院的村部，很不高兴。他说村部是最基层的行政单位，直接面向人民群众，怎么能是高墙大院呢？这不是把政府和广大人民群众隔离开来了吗？于是亲自指挥村民把村部的院墙给扒开了。原先的王山窝村除了老的村部没有院墙外（由于获取石头很方便，家家都有或大或小、或高或矮、或直或曲的石头院墙），新村部院墙扒开后，现在就只有地主王宝山的家和村部的房子，是完全敞开的了。

由于天气炎热，屋里也不凉快，村长就拿了几个长板凳，摆在离村部不远的一棵大梧桐树下，把那里当成了开会的地方。

快到吃晚饭的时候了，几个互助组长才陆陆续续地到齐。小芹没来，是她爹朱贵来的，这使村长有点失望，他想看看已被他"结了婚"的小芹，现在是个什么样子。

村长清了清嗓子说："天气越来越热，雨水也越来越多，这正是野草疯长的时候。因此咱们要抓紧时间，趁着这几天的好天气，把地里的杂草锄完。咱们都在互助组，自己地里的草锄完后，要帮助其他组员，这样才叫互助组，要是都各人顾各人，那咱们还成立互助组干什么哩？"村长说到这里，看了朱贵一眼，见朱贵面带笑容,他也笑了笑,然后接着往下讲:"组里的组员要互相帮助,组与组之间也要互助帮助,要有集体精神,也要有共产主义精神。先锄完的组,要给落后的组打打支援,后进的要加把油,不能坐享其成。今天的这个会就这个意思,大家都明白了吧,咱们互助组可不能落在单干户的后面。"村长说到这,停了一下,想听听他们有什么反应。实际上听不听也无所谓,到最后都得照他说的去做。

有一个组长说:"这下懒人讨便宜了。"其余几个组长想笑,但没笑出来,就被村长给制止了。他唬着脸对那些组长们说:"如果没有意见,就这么着了。明天俺可要一个组一个组的检查,发现哪个组里还有没锄净的,秋上哪个组就多缴些公粮。好了,散会。"

等人走完了,朱贵笑嘻嘻地对村长说:"你真是个好领导哩,咱村有你这样的人当村长,是俺的福气哩。"

村长看着朱贵那献媚的样,心里一阵陶醉:你他娘的这次懒的不错,如果你地里的草要是锄了,你闺女的身子就不知道是谁的了。可是他依旧唬着脸说:"我可是一心一意的为咱们村子好,整日里操心费力不说,没有功劳也有苦劳吧,可还有人昧着良心在背后说俺的坏话哩。"

朱贵拍着胸脯说:"谁要是说您的一个不是,俺第一个就不答应,坚决和他斗争到底。"

村长笑了,拉着他的手热呼呼地说:"还是你与俺一心,俺知道你是个明白人，你肯定支持俺的工作的，如果有人说俺什么，你也不会相信的。"

朱贵激动的说："那是。那些说你不是的人，良心都叫狗吃了。俺心里跟明镜似的，您对俺好，俺知道，俺一定听您的，以后您就看、看俺的行动吧。"

朱贵是一路哼哼唧唧回到家的，到家后，他眉飞色舞地把村长的部署向小芹描述了一遍，然后连连夸赞道："人家这村长当的就是有水平。"

小芹的娘听了，也感到很满意。以前她是很反感村长的，认为他很蛮横，好像从来都没有替别人着想过，自私自利的很。可是这两年，她觉得村长这人变了许多，不但态度和蔼可亲，而且还处处向着你，为你说话，有什么事他也屁颠屁颠地去帮你办，今天更是明显为了她们家，才开了这么一个会，这时村长在她心目中，慢慢地高大完美起来。

二十、和好

王强和王钢一大早就去吴庄赶集去了。吴庄是区公所的所在地，要比王山窝大得多。吴庄集属于早集，十几里的路程，弟兄俩紧赶慢赶到地方，集上就已经有很多人了。集市是在村庄边上一条大路上，他们想找个遮阳的地方，可路边几棵稀稀落落的小树下，早就有人占下了。王强只好在靠树荫的附近放下粪箕子，和王钢蹲在旁边一边歇息，一边等待来人把粪箕子买走。

　　早上八、九点钟的太阳已经很烤人了，王钢被太阳晒的撑不住劲，就对王强说："把粪箕子放这，咱们到树凉影下歇息吧。"

　　王强放眼往四处看看，发现不远处还有二、三个卖粪箕子的，就说："你先去吧，万一有人来买，咱们不在跟前，人就不买咱的了，不就耽误了吗？"

　　王钢说："那好吧，俺一会儿来换你。"

　　王钢和王强换了几次，也没有人来买他们的粪箕子。人渐渐稀少起来，树荫也就腾了出来。两人就把粪箕子挪到了树荫下，继续等买主。

　　直到快晌午的时候，才有一个穿着中山装的人，来到他俩跟前说："这粪箕子怎么卖的？"

　　临来的时候，父亲交待他俩，最低两毛钱一个可以卖，要是能卖到两毛一、二最好。听来人这么问，王强就说："两毛二。"

那人就说:"贵了,两毛钱个。"

王强见那人好像很懂行情,不再坚持要两毛二,就说:"你要想买,就两毛一吧。"

那人看着王强说:"就两毛钱一个,多一点都不要。"

王强觉得和父亲说的价格一样,并且天都到晌午要散集了,万一卖不出去,不就白跑一趟了?就说:"好吧,卖给你。"

那人又说:"辛苦你一趟,给送到供销社去。"他随后又向另外的那二、三个卖粪箕子的招招手,叫他们过来。然后对他们说:"你们和他一起给送到供销社去。"

到供销社后,王强才知道他是供销社的采购员,粪箕子是供销社收的。

从供销社出来,王钢说:"咱卖贱了。"

王强说:"你怎么知道咱卖贱了呢?要高了,人家不买哩。"

"你没见那几个卖粪箕子的,他们的又小还不扎实,和咱的没法比的,也卖两毛钱一个。"王钢有点愤愤不平地说。

"一个半天,也没有几个来问价,私人哪有钱买呀?好在供销社肯要,要不咱们就白跑一趟了。"王强给王钢宽心的说。

当他们从一个卖烧饼的铺子前经过时,王钢说:"俺都饿了,走不动了。"

王强知道王钢的意思,是想叫他买烧饼。可是他假装没有听见王钢的话,继续走他的路。王钢慢慢腾腾地跟在后面,渐渐和王强拉开了一段距离。其实他也知道王钢说得是实话,天已到了晌午,他都有点饥肠辘辘了,王钢还能不饿?烧饼的香味又确实令人垂涎,可是他舍不得花这个钱,四个粪箕子卖了八毛钱,家里花钱的去向,远比买烧饼吃当紧。可是看到王钢无精打采的样子,他又不忍心了。他等到王钢跟上来,就给他一毛钱,叮嘱他:"你去买一个吧,只能买一个。"

王钢顿时高兴起来,拿起钱就往回跑,不一会儿就又举着一个烧饼跑回来了。

王强问:"多钱一个?"

王钢答道:"三分钱一个。"说着把找的钱交给了王强。王钢又要把烧饼掰成两半,王强连忙制止他,说:"你自己吃吧,俺不饿。"

王钢不相信地问:"真的?"

王强点点头,算是回答。

王钢高兴极了,说:"哥,你真好。"说完就一口咬去了一大块。

看着弟弟狼吞虎咽，王强提醒他说："慢慢吃，别噎着了，这儿可没有水喝。"

王钢是边吃边点头，不一会儿他就把那个烧饼吃完了。他抹了抹嘴说："哥，下次卖粪箕子，俺还跟你来。"

王强看王钢喊自己哥哥，心情畅快起来，于是就故意逗他说："下次俺才不带你来哩。"

王钢不解地问："是不是因为俺要烧饼吃？"

王强告诉他："下次就是你自己来了，卖了钱，你想买几个烧饼就买几个，俺可管不着啦。"

王钢一听，满脸愁容，连声说："坏了，坏了。俺一个人来，俺可就一个烧饼也不敢买了。"

王强一听，这下轮到他纳闷了："你一个人多自由，想怎么花就怎么花，怎么连一个烧饼都不敢买了哩？"

"咱爹那么馋，他才不让俺乱花钱哩，俺要是买一个吃了，他不得嚷死俺，俺怕他嚷。"

"那你怎么不怕俺被嚷呢？"

"他嚷你又不是嚷俺，俺怕啥。"

"好啊，你原来是想让俺挨嚷的，看俺不揍死你。"王强说罢，就装着要去打王钢的样子。

王钢也装出害怕的样子说："哥，哥，你饶了俺吧。到家后俺就说是俺花的，不关你的事，俺不会让你背黑锅的。"

看到倔强的王钢向自己讨饶，王强笑了，他觉得今天是他被俘以来最开心的一天。

二十一、晓晓是个疯子

回到家，当王强把卖粪箕子的钱交到王玉德手里的时候，他父亲数了一遍，疑惑地问："四个粪箕子怎么卖了七毛七分钱？"

这时王钢要来说什么，被王强连忙用眼神给止住了。然后他低着头，等着挨嚷地说："总共卖了八毛钱，俺花三分钱，买一个烧饼吃了。"

王玉德并没有嚷王强什么，只是叹了口气说："怎么这么大的人了，还那么馋嘴哩。"

王玉德很随意地一句话，王强听着也没有什么，王强的母亲听了却一阵难受。

是的，王强不小了，早到了说亲的年龄了，自从和小芹断了后，至今没有人愿意给王强说媒，她当娘的，看在眼里急在心里。

她省吃俭用，就是想积攒几个钱，千方百计地给王强说个媳妇。她见几个村里合适的姑娘，就托人去说媒，可是没有人愿意做这个媒人。别人告诉她说，咱们村里的姑娘心高着哩，别说是成分高的，就是贫下中农出身的，她们也看不上眼，个个都想嫁到镇上、县里，早就不想喝咱这龙河水了，何况王强还是那个身份。

村里的姑娘是没有指望了，她就向住在其他村上的娘家人求助，看看有没有愿意嫁给她家的。等来的消息也是令她失望的：没有人愿意嫁给王强。王强的娘只觉得天旋地转，三伏天也像是掉进了冰窟窿一般。她茶饭不香，寝食难安，整日里长声短叹。看来找那些未婚的姑娘们做媳妇是不可能了，于是她就把眼光放在了那些离婚的和伤家的小媳妇和寡妇身上。而村子里就有一个守寡多年的女人，她就是地主王宝山的儿媳妇晓晓。

晓晓是城里人，上过学。她和王宝山的儿子是同学，俩人情投意合，毕业准备结婚时，她的父母说什么也不愿意，说："城里人怎么能嫁给乡巴佬呢？她如果和那个乡巴佬结婚，就和她断绝关系。"但是出身书香门第的晓晓有自己的主张，她认定他就是她可以终身托付的人。她们爱的死去活来，彼此都认为非对方不娶不嫁，最后还是有情人终成眷属。后来王宝山的儿子参加了还乡团，解放后被镇压。王宝山的老婆经不起丧子的痛苦，跳龙河自尽了。晓晓由于和家里断绝了关系，实际上也是她们家怕受到牵连，也就不再认她这个女儿。晓晓没有娘家可回，她也不想回娘家。她说："我生是王家的人，死是王家的鬼。"村里人不相信，她个细皮嫩肉的城里人，会在这个穷山恶水的小山沟过下去？在处理完婆婆的后事，第二天就跟着公公下地干活。更没有令村民没有想到的是，为了土地有劲，庄稼长得旺，她竟像男人一样，背起粪箕子去拾粪，有时竟也起五更睡半夜。有人说她是受刺激，疯了。她和王宝山同住在一个屋檐下，为王宝山洗衣做饭，嘘寒问暖，在尽一个儿媳的责任。于是村里就有人说王宝山扒灰，霸占儿媳，不让她再嫁，也不让她回娘家。王宝山听后，痛哭流涕，痛不欲生。可是晓晓听到无动于衷，不置一言，就像从来也没有发生什么一样，也就像她和老公公真有关系似的。

王强的母亲也是病急乱投医，她也不顾外面的风言风语，竟然托人去提亲。晓晓对媒人说："我和我丈夫没有同年同月同日生，也没有同年同月同日死，我是他永远的妻子，他是我永远的丈夫。虽然阴阳两隔，但却可以同年同月同日念。"

媒人听后不知所云，回来后对王强的母亲说："她是疯的越来越很了，是不会好啦。你家王强找她，是没有一丁点好处的，还是再看看别的人家吧。"

连这个地主的寡妇都不会改嫁给王强,那王强的母亲还有什么办法呢?她又想到了换亲。此时的王强已二十出头,王钢十五岁,王娟十三年。王强是早已到了成亲的年龄,而王娟则还是个小孩子。如果换亲必须是自家的男孩和女孩,与对方的男孩和女孩,都到了谈婚论嫁的年龄才行。显然王娟是未成年人,她不够法定结婚年龄,她不能嫁,别人也不敢娶,换亲眼下是行不通的。王强的母亲整日里六神无主、长吁短叹,王强知道是在为自己的婚事着急,他就劝他娘说:"说亲的事不用急的,慢慢来,再过个三、二年也行。现在咱们一家人在一起多好,如果来了个外人,一家人倒不随便了。如果两个人脾气再和不来,三天两头的吵架,俺可受不了,还不净给家里添乱。"

王强的娘苦笑了一下说:"不慢慢来还能咋的?咱们不急,只要你能打熬住,咱们就慢慢托人给说就是喽。"

说亲就像得了传染似的,王强的娘四处张罗着给王强说亲,小芹的母亲,也在瞅着一天大是一天的小芹发愁。小芹长得俊,是王山窝的美人,上门说亲的自然少不了。小芹心界高,对那些提亲的人,没有能看上眼的:家境好的,相貌平平,不如王强;相貌堂堂的,可是家境不怎么样,还不如王强的家过得好。左挑右捡,这样就担搁了下来。不成想这一担搁,把小芹这么个黄花大闺女担搁成了昨日黄花,当然现在只有天知地知以及村长和小芹两个人知道。

朱贵不知道，小芹的母亲也不知道，她一心惦念着小芹，就是要给小芹找一个很好的人家，她才称心如意。

二十二、小芹要当会计

村长也在掂念着小芹，因为有了第一次，当然就想第二次。这天欲火烧身的他来到小芹家，见小芹在，就对她说："你到村部去一下，帮俺拾掇拾掇屋子，一屋子被张会计搞得乱七八糟，俺都忙不过来了。"

看着村长那色咪咪的眼神，小芹知道他想干什么。小芹想俺不欠你什么了，俺已经用俺的身子还了你的人情，你还想占俺便宜哩。小芹冷冷的说："你自己慢慢拾掇吧，俺还要做饭哩。"

朱贵听了，有些不高兴，还没有让村长说话，就埋怨起小芹来："要你做什么饭，还有俺和你娘哩，你赶紧帮你叔干点活去。"

村长仍然笑眯眯地说："这事不着急，小芹你什么时候有空再去干也行。"他转身又对朱贵说："小芹是个听话的好孩子，俺准备以后叫她当咱村的会计。这老张年龄大了，脑子不好使，整天丢三落四，干活也不利索，俺不会让他再干多长时间的。"

这话朱贵听了，就是天大的好事。要知道在王山窝，除了村长就是会计说的算了，如果小芹当上了会计，那可是给老朱家长脸了，他朱贵在人前就可以人模狗样的了，人人都会高看他一眼的。想到这些，朱贵心里真像是抹了蜜一般，甜得没法想。他把小芹推出屋外，连声地说："快去快去，你看你叔对你多好，你要好好的给你叔干活，他要你怎么做就怎么做，听你叔的没错，知道吗？"

小芹被她爹推出门来，知道这次还是躲不开的。她想如果能当上会计也不错，反正身子已经给过他一次了，再给他一次也不算吃亏。于是就绷着脸对村长说："你说话可要算话哩。"

村长看着小芹颤动的胸脯，恨不得现在就去扭捏两把。他忍着性子，仍旧笑容满面地说："算话算话，你叔俺什么时候说过当屁放的话呢？"说完村长就领着小芹出了大门。

小芹的母亲听到村长想让小芹当会计，也很高兴：这可是村里几个识文断字的人都想干的事，他们都巴不得张会计早点不干，好能轮上自己。她从来就没想过要小芹去做会计，因为很关键的一条就是小芹没有文化，认识不了几个字，加减乘除也算得不利索，怎么能去当会计呢？村长也不可能不知道小芹能吃几碗干饭，怎么会忽然要她去做？话又说回来，就是小芹有文化、有本事能做好会计这个行当，可就是等到驴年马月也轮不到俺家小芹啊，俺家和他村长家又非亲非故，凭什么让你当呢？虽然村长对俺家很不错，但这是个多大的好事，怎么会就无缘无故、轻而易举的落到她家里哩？小芹的娘也是个过日子心胜的人，想过得比谁都强，更不想不如人。因此当她听到王强出事的时候，小芹和王强只能是划清界限、断绝关系。这样做了，但她家也没有因此兴旺起来。她又怪自己的男人是个托不上去的人，不能让她出人头地。也让她不顺心的是，生的儿子也和他爹一样，缺心少肺，唯一的希望就寄托在小芹身上，如果小芹能当上会计，那她们家在王山窝可就不是一般人物了，当然小芹不会轻而易举的就当上了会计，村长是个无利不起早的个人，他不会无缘无故就把这一美差送给别人的。她想如果村长能让小芹当上会计，就是让她付出多大的代价她都愿意。凭着村长的德行和女人的直觉，她忽然感觉村长和小芹的关系可能已经不一般了。村长的好色她是知道的，因为他曾经当真不当假地对她动手动脚，有意无意地摸摸她的屁股，碰碰她的奶子，并无不羡慕地说："朱贵这小子娶了你，真是艳福不浅哩。"他在她这里没有尝到甜头，会不会打了小芹的主意？她心里有事，就对朱贵说："天还早着哩，你一会儿再做饭，俺先出去转转。"她不等朱贵应着，就走出了家门。

小芹的娘来到了村部，村部办公室的门紧闭着，外面没有落锁，显然是从里面给栓上了。四处静悄悄的，不像有人在打扫什么或者拾掇东西。她来到门口，看不见里面的情景，只听到有张竹床在"吱吱嘎嘎"的响着。她转向窗户边，从玻璃上纸糊的缝隙中，朝里望去。她看到村长正赤身裸体的趴在一个人的身上，不停地上下起伏着，给他伴奏的就是那"吱吱嘎嘎"的声音。她第一次看到不是他男人的光腚，她的脸顿时红了起来，虽然她早已不是什么少女了。村长的头挡住了他身下那个人的脸，她不知道那个人是谁，这时她心里只有一个念头，那就是希望村长的身下不要是小芹。可是她还是失望了，因为当村长稍微偏一下头的时候，她看到的是她非常熟悉的面容，那正是她宝贝闺女小芹的脸。

村长在强奸小芹！她正要喊人，这时她听到小芹说话了："俺没有文化，不会算账，怎么当会计哩？"

村长喘着粗气说："不要紧，俺教你。"

她又听到小芹在说："你轻点，上次你把俺的奶子都扭肿了，现在还有点痛哩。"

小芹的娘张大了的嘴巴，终于没有喊出声来。果然如她想象那样，村长和小芹真是早就有了关系，他们是两相情愿的，怪不得他要让小芹当会计，他在小芹这得到了好处哩。现在还不能声张出去，如果闹僵了，不光是村长不好看，她家小芹也丢脸，她和朱贵也丢人。更主要的是小芹再也当不成会计了。她强忍着心中的憋屈，悄无声息的从窗户边蛩出来，头也不回地急匆匆地赶回家来。回到家后，她还惊魂未定，脸上红一阵白一阵，嘴里大口的喘着气，心里想着这事该怎么办才好。

朱贵的好心情还没有消退,他看到媳妇那个模样,笑呵呵地说:"你怎么了,看见狗吊秧子(方言:狗交配)了?"

小芹娘没好气地瞋了朱贵一眼:"怎么说的话哩,村长好歹也是个人吧,你也不怕辱没了你闺女。"

朱贵没有看到小芹娘刚才看到的那一幕,自然听不懂她说的话,就嘟囔道:"这狗吊秧子和村长有什么关系,怎么又能扯到了俺闺女头上,你可真会拐。"

小芹娘心里盘算着,是不是现在就告诉朱贵小芹和村长的事,看到朱贵少根筋的样子,就想现在先不告诉他,以防他有心或无意地把事情办坏。她对朱贵摆摆手说:"你先去做饭吧,俺的头乱糟糟的,俺想歇一会儿。"

朱贵怕婆娘,在这个家里是小芹的娘说了算。朱贵见她不想和自己理论,就以为婆娘真的现在是脑子有毛病,就不再和她说话,怏怏地去锅屋做饭去了。

在这一年的秋天,小芹结婚了,娶她的是村长的儿子天成。

二十三、天成成亲

按照小芹娘以前的打算，小芹能在镇上或者在县城找个婆家最好，这样小芹也就是个城里人或者镇上的人了，她进个城或者上个集赶个店，也就有个歇脚的地方了，高兴的话还可以住几天。按照小芹的相貌，找个城里人是很容易的，可是小芹和小芹的娘都挑花了眼，看人家不是本人不顺眼，就是家庭不顺眼。一来二去，小芹就一直没有着落。当小芹的娘发现小芹和村长的事后，她切实知道了什么是"闺女大了不可留，留来留去是冤仇。"是该把她嫁出去了，并且还要快，如果不赶紧把小芹嫁出去，小芹被村长糟蹋过的事暴露了，那就不是小芹再去挑拣别人，而是还有没有人家愿意要她。她要赶紧把小芹给嫁了，但是还不能嫁到外村去，要不可就亏大了。因为嫁到外面去，小芹就不能当王山窝村的会计了，村长岂不白占了小芹的便宜。

也真是困了就有人递枕头。村长的儿子天成看小芹是越来越有风韵，浑身上下都散发着不能抗拒地气息，他就央求他娘到小芹家去提亲。

以前小芹和小芹的娘，根本也看不上长得像歪瓜裂枣似的、脾气就是一根筋的天成。可是现在已经时过境迁，不是以往了。小芹的娘想：小芹做了村长的儿媳妇，这当会计的事更是十拿九稳了，肥水不留外人田哩。再一方面，小芹成了他的儿媳妇，他总不会再去想小芹的好事吧，于是她就满口答应了这门婚事。并说事不迟疑，如果小芹也同意，就尽快给他们把婚事办了。当小芹听到天成的娘来提亲的事后，闷了半天，而后突然"嘻嘻"的笑了，说："俺愿意。"

村长知道天成要娶小芹做媳妇后，真是气得七窍生烟，他拍着桌子吼道："你他娘的娶谁都行，就是不能娶小芹。"

天成脖子一梗，也气冲冲地说："俺和俺娘说好了，谁都不娶，就娶小芹。"

村长说："你和你娘都是混蛋，看俺不劈死你。"村长摸起一把铁锨，就要朝天成身上捂去。

天成也不躲避，直直的站立着，说："你劈吧，劈死俺你就能上天了。"

村长有五个孩子，老大、老二是闺女，都已经出嫁离开王山窝，老三就是天成，天成下面又是俩闺女，闺女都是人家的人，天成是村长目前唯一的传宗接代的人，村长事事也都由着他。真是女大不由娘，儿大不由爷。村长自然不会用铁锨去打儿子，他又把铁锨放回原处，恨恨地说："你个不通醒（不懂人性的意思）的东西，俺怎么有你这么个孽种。"

天成愣愣地说："俺怎么不通醒了？小芹能答应做俺的媳妇，就是说俺这个人还是个很好的人哩。"

天成和天成的娘还是很清楚的，天成能娶了小芹，那是癞蛤蟆吃上了天鹅肉，为什么不高兴呢？只是他们不知道，那天鹅肉本来是村长好不容易才弄到嘴边的，还没吃上几口，就被他儿子抢了去。天成和天成的娘不清楚的是，如果不是他爹先吃上几口的话，这天鹅肉是不会落在天成嘴里的。

路那边小芹家"噼噼啪啪"的鞭炮声炸得王强心烦意乱，王玉德帮村长操办娶儿媳妇的事去了，王钢、王娟和他娘去看新娘子出嫁。王强关好门，独自一个人漫无目的来到了后山上。王山窝村后面的有个山脊裂了一道缝，而在这个山脊上有个小山洞，洞底就通到那个裂缝上。王强小的时候，到山上来割草，有时碰到天下雨，他就和他的小伙伴们到这里避雨。王强百无聊赖的遛哒到了这里，好多年没来了，这个能容纳十来个大人的小山洞，还是原来的样子，只是由于他的长大，他感觉山洞好像变小了。看着这熟悉的一切，他突然想起了一件事，冥冥之中，他觉得天成和小芹成亲，倒是天意。

王强清楚的记得，在他八、九岁的时候，有一天有人说日本鬼子从县城出来扫荡了，已经到了吴庄集，马上就要到王山窝这边来。村里人听说后，顿时惊恐起来，纷纷扶老携幼地向山里躲去。王强一家也往山里跑，王玉德抱着王娟，王强的娘则拉着王强和王钢。

王强他们先蹿进这个山洞里躲起来，不一会儿，天成领着他娘、他爹和他的几个姐妹也蹿了进来。天成进来后，不时的向洞外望去，后来王强才知道，他在寻找小芹。天成看到小芹后，大声地喊她的名字，叫她一家人到洞里来。小芹的父母、爷爷奶奶和她两个小弟弟到来后，洞里就再也盛不下其他人了，其他人只有再躲藏到别处。王玉德他们几个大人找些树枝把洞口掩藏起来，而天成则搬来几块石头放在洞口，嚷嚷着叫小芹她们几个女的藏在洞底，如果日本鬼子来了，他就用石头砸死他们。

王强他们这些小孩子，谁没有见过日本鬼子是什么样的，只听大人们说过，小日本人小的很，眼睛长得似豆瓣，鼻子长得像蒜瓣，两个门牙长在外，小胳膊小腿的，就是裤裆里的那个东西长的大，见了女的就叫"花姑娘"，不论老少都要抢。天成认为小小的日本鬼子，是经不住他用石头砸的，一定能把他们砸跑，保护小芹不被日本鬼子抢去。那天日本鬼子终于没有到王山窝来，他们连吴庄集也没到就回去了。

王强想，也许就是从那一次开始吧，小芹不再讨厌天成，可是她也不会喜欢他，她从没有主动找天成玩过，都是天成低三下四地去讨好她，小芹却爱搭不理的。每次他和天成打骂架的时候，不论王强占理不占理，小芹都会站在他这一边。可是现在，他们却成了夫妻。这就是人们常说的：这是人的命吗？是命中注定的吗？

王强思绪万千，他强迫自己不再去想小芹和天成。在那个洞里，他想起了朝鲜的坑道，想起了战友们的尸体，想起了被打成筛子的小胖，想起了班长和张志，也想起了金姬。真不知道她现在怎么样了，她也出嫁了吗？她的男人是个什么样子的？是不是也长得像天成那样，愣头愣脑的呢？不，不会的，她的丈夫一定是机灵英俊的，她过得一定会非常幸福的。

不知道在那个山洞里呆了多长时间，王强直到饿的肚子"咕咕"叫了，才慢慢地走回家来。回来后，家里人早已吃过晌午饭，只见他爹王玉德喝得脸通红，也刚回到家，他看到王强吞吞吐吐地说："你、你明天和村、村长到区公所、所开会去。"

王强很纳闷：俺能开什么会？以为他爹说的是醉话，就一边说"知道了"，一边扶着王玉德到床上躺下。

二十四、区里开会

第二天一早，村长竟真的来找他，要和他一起去区公所去开会。王强问："开什么会哩？怎么要俺去哩？"

村长说："俺也不知道，这是区里点名要你去的，叫咱们八点半以前就得到。"村长一边催促王强快走，一边又对王强的娘说："到底开什么会,俺也真不知道,俺估摸着也不是什么大不了的会。"

王强已顾不得坐下来吃早饭了，就拿了两个花卷一根大葱，边吃边和村长匆匆上路了。到了区公所，负责报到的人问村长："王村长，你把你们村批斗的人带来了吧？"

村长笑容满面，他用手指着王强，赶紧回答道："带来了，带来了，他就是。"

王强这才知道，村长是带他来挨批的，这次开的是公开逮捕大会和批斗会。参加的是被批斗和被逮捕的人，以及各村村长和吴庄集当地的村民。村长事前肯定是知道的，他既没有给王玉德说开的是什么会，同样对王强也隐瞒了实情。王强感觉自己被愚弄了，于是就很恼火的看了村长一眼。

村长连忙走到王强跟前，脸上笑得更厉害了，他拉着王强的胳膊说："俺没有告诉你和你爹，是怕你娘知道了心里难受。你要是怪俺的话，叔就给你陪个不是。"他见王强松了一口气，又接着说："大侄子啊，俺觉得这事啊还是不让其他人知道的好。"

村长这么一说，给自己开脱的干干净净，而在王强听来，倒也是合情合理：这还真不是来参加表扬大会的，这样事知道的人越多，他就越难看、越丢人。

这时来了一个身上扎着武装带、手里拿着一杆"三八大盖"的民兵，他把王强领到一间小屋子里。这个小屋子里面已经有了两个男的和一个女的，门口站着一个同样身上扎着武装带、手里拿着一杆"三八大盖"的民兵。

这次公开逮捕的是一些"盗窃犯"、"流氓犯"、"抢劫犯"、"贪污犯"等，他们的脖子上挂着用硬纸盒子做成的牌子，名字上被打了个红红的叉，他们参加的是公捕会。王强的脖子也给挂上一个牌子，上面写得是"坏分子"，名字上没有打上红叉，他参加的是批斗会。这两个会是在区公所的一个土台子上开的，王强和那些"犯"们低着头站成一排，和王强并排站着的是那个女的，她的脖子上没有挂牌子，而是用绳子的两端分别系着一只鞋，挂在脖子上。

扩音机"吱吱"的电流声，传到凹凸不平的喇叭里，让人听得心烦意乱。主持会议的人对着话筒"喂喂"了几声，然后叫台下熙熙攘攘的人们安静，说现在开始开会。

先开的是批斗坏分子的会，王强和另外两个坏分子被先批斗。在归管处的时候，批斗会是司空见惯，所以王强对此也已经无所谓了，批斗就批斗，也批斗不出什么新东西来。果然批斗王强的人，所批斗的词语，和在归管处挨批斗的词语是一样的，王强想可能是从我档案里抄来的吧。所不同的是，在归管处批他的人是男的，在这里则是个女的，声音是奶里奶气的，年龄远没有王强大。

在批完他们三个坏分子后，就开始批那个女的，这时他听到了一个熟悉的名字，批她的人说："……余桂兰生活作风放荡，和人乱搞男女关系，这和他有个畏罪自杀的哥哥余年旺分不开的，他哥哥是个坏分子,她就是个破鞋……"

王强没有想到,站在他旁边的竟然是余年旺的妹妹。他偷偷的用眼角向她那边瞄去,他发现她长得果然和余年旺有点像。

批斗她的人是个中年男人,他对她生活不检点特别气愤,好像对他造成了严重的伤害,他情绪激动,声音嘶哑。由于王强站的位置离话筒较近,他感觉到他的唾沫星子飞到了自己的脖子里。对于余桂兰的每次搞破鞋,这个人好像都在场似的,这时他不再义愤填膺,他的声音也不在嘶哑,而是变得柔声细语起来,讲得有声有色。

这人讲这些的时候,王强感觉到,本来有些吵杂的台下,这时变得安静了很多,台下的人听得津津有味,可是王强却浑身起了很多鸡皮疙瘩。

批斗完他们三个坏分子和一个"破鞋"后,王强他们的"使命"就告一段落,他们被摘下牌子赶下台来。村长把王强领到台下的人群中,叫他和自己一样,坐在一张铺在地上的破报纸上,然后等着开下面的公开逮捕大会。

王强一边应付着村长,按照他说的坐好,一边注意着余桂兰的去向。他发现余桂兰并没有回到人群中接着开会,而是和一个女人说了几句话后就离开了会场。本来王强想批斗会结束后,好好看看余桂兰,她是余年旺的妹妹,真是太巧了,能在批斗会上遇见她。如果有说话的机会,他要告诉她,余年旺是个好人,他没有贪生怕死，他不是主动投降敌人的，更不是叛徒，他是冤枉的……，他有好多话要对她讲，在归管处，余年旺热心的教他认字、写字，他要向她表白对她哥哥的感激之情……，可是现在好像没有了机会，他已经看不到她了。王强很失望，她干什么去了呢？而后他又有了少许的安慰，因为他知道了她家住在余家坳，她叫余桂兰，他今后要找到她，向她说明这一切，他不管她是不是破鞋。

村长好像看出来了，王强的心思不在会上，于是就用胳膊肘捅了捅他，对他说："好好听，公安局的人要宣读逮捕公告了，看看这些坏蛋们都作的什么恶。"

二十五、犯罪分子

王强的注意力被村长拉回到了会场上，他转头朝台上望去，只见每个罪犯旁边都站着一位戴着白色大沿帽，穿着白色制服的公安人员。这时另一位戴着白色大沿帽，穿着白色制服的公安人员，来到话筒旁，对话筒咳嗽了一声后，然后看着两只手里捏着的一张大大的白纸，高声的读了起来。他每念到一个罪犯的名字，那个站在该罪犯旁边的人，就会将罪犯低下头给弄起来，好让台下的人看到他们的面孔。

"盗窃犯，某某某，男，22 岁，捕前系某某村人。该犯好吃懒做，不务正业，经常偷鸡摸狗，在某年某月某日偷某某的山羊时被发现，据他自己交待，他还多次盗窃他人财物，价值二十五元。

流氓犯，某某某，男，25 岁，捕前系某某村人。该犯品质恶劣，道德败坏，见了女人就走不动。在某年某月某日开村民大会时，摸坐在他旁边妇女的下体，据他自己交待，他还调戏了某某某等，共八人。

强奸犯，某某某，男，28 岁，捕前系某某村人。该犯人性泯灭，流氓成性。于某年某月某日，在光天化日之下，竟然将XXX强奸。事后还百般抵赖，拒不认罪。

抢劫犯，某某，男，36 岁，捕前系某某村人。该犯游手好闲，国民党兵痞的习性不改，在某年某月某日强抢某某饭店的烧鸡，被当场抓获。据他自己交待，还抢劫未成年人的馒头四个。

贪污犯，某某，男，23 岁，捕前系吴庄区食品站职工。该犯私心杂念严重，贪得无厌，在卖肉时，缺斤短两。根据他人检举揭发，该犯贪污猪肉合计五十六斤。

贪污犯，某某某，男，42 岁。捕前系吴庄区供销合作社采购员……"这时，王强看到一张他曾经见过的脸，那就是他和王钢来吴庄集卖粪箕子时，买他粪箕子的人。

他没有想到他会是个贪污犯，在此之前，他还以为他是个很好的人哩，因为如果不是他买走了他的粪箕子，他和王钢可能就白跑了一趟。于是王强就很认真地听起来，想知道他怎么犯罪的：

"该犯见钱眼开，利欲熏心。他低价收购，高价报账，共贪污人民币二十八元……"

王强想：二十八元，该卖多少粪箕子，才能赚过来啊……还没容他计算一下，就听那宣读的人提高了声音："以上各犯，行为恶劣，给人民的生命和财产安全带来了极大的危害，影响极坏。经溪水县人民检察院批准，现予以逮捕。"他的话讲到这里，就见立即走上来几个拿着绳子的民兵，他们协助台子上的公安人员，很利索地将罪犯们捆个结结实实。

这时就听刚才念布告的人大喝一声："犯罪分子们，给人民跪下，向人民谢罪。"

贪污犯、抢劫犯、流氓犯、盗窃犯们听到后，连忙跪了下来，只有强奸犯还站着没动，没有把那人的话当回事，王强看到他脸上没有丝毫的悔过之意，甚至还有些洋洋得意。

念布告的人没有想到，强奸犯会公然不听他的命令，和他对抗。他气得脸色铁青，使劲地拍了一下桌子，更大声的喝到："强奸犯，你没听到吗？你给我跪下。"

强奸犯还是站着没动，这时只见一位年轻的妇女，迅捷地跳上土台子，来到强奸犯面前"啪啪"伸手就给了他二个耳光，并大声地骂道：

"你他娘的烧得啥（洋洋得意的意思），你怎么一点脸都不要，你奸污了人，你还光荣了你是不？"

台上台下的人都没有想到会出现这样的变化，有的说这娘们怎么那么厉害，打起人来干净利索，她和他有什么仇呢？有人说她可能是被强奸的那个人吧，上来报仇了。这时有认识她的人就说：这女人是强奸犯的媳妇，于是周围的人顿时笑了起来。王强旁边有个人高声赞扬道："打得好，再扇他几个大嘴巴子。"

这个强奸犯的婆娘余怒未消，只听她接着训斥道："你自己的女人不用，就看着别人的好，你是个什么东西啊，俺要和你离婚。"台上台下又是一阵欢笑，刚才那位被气得要命的公安局的人，也随着众人笑了起来，只不过是他的声音通过扩音机传得更远。

谁也没有想到，这时强奸犯说话了："离婚就离婚，你这个泼妇，结婚前你把自己说得这好那好，非让俺和你结婚，俺不愿意，你就往俺被窝里钻……"

台下又是一阵哄笑。强奸犯的媳妇好像被揭了短，抬手又打了强奸犯一个耳光，然后气急败坏地说："你和俺结婚了，是你愿意的，也是你选择的，你就得一心一意和俺过日子，就不能再三心二意，吃着碗里的，看着锅里的。"

强奸犯很自豪地说："锅里的和碗里的不是一个味。"

台下的人又笑了起来，有人附和着："家花不如野花香啊。"

强奸犯的媳妇指着强奸犯的鼻子，质问道："不都是一样的吗？她的又有什么好？她的是金子银子做的吗？"

这回台上台下的人都不笑了，他们静听着，看强奸犯怎么回答。

强奸犯蔑视着他媳妇，又昂了昂头说："不是金子银子的，是玉的，比你的好多了。再说了，我不是强奸，顶多是通奸……"

台上念布告的公安人员，没有让强奸犯说完，就又一拍桌子，大声呵斥道："你胡说，你不是通奸，就是强奸，那女的就说是你强奸她，你还不承认。"

强奸犯申辩道："是她家里人叫她这样说的，不是她的真心话……"

"你还在狡辩，把他的嘴给我堵上，看你还敢胡说。"

站在强奸犯身边的公安人员，听到命令，申手掏了掏腰包，看没有什么可用的，就连忙退下鞋，脱下又臭又长的粗布袜子，塞到了强奸犯的嘴里。

台上台下又是笑声一片：

"这下味道更好了。"

"他说他是通奸哩。"

"通奸也不行。"

"通奸也是犯法的"

"……"

由于强奸犯媳妇的出现，会场上严肃的气氛被改变了，有人把批斗会和公捕会当成了文艺演出或者是杂耍表演，大家伙看得开怀大笑。村长更是笑得乐不可支，在公布流氓犯罪行的时候，王强就发现他的脸上始终挂着嘲讽的微笑。现在当强奸犯被他媳妇搧耳光的时候，村长似乎更加陶醉了，他的神情好像是飘飘欲仙的。

王强没有笑，他不是观众，他是其中的演员之一，他感觉自己就是集市上被人玩耍的猴子，一些人看到他，虚荣心就会得到满足，荣誉感就会油然而生：他是个坏人，俺是个好人，他低俺一等，俺比他光荣，俺是专政者，他是被专政的，这些人真的认为这个世界就是他们的了，他们是想干什么就可以干什么的。

当这些犯罪分子被押上大卡车进行游街后，区委书记作了最后的总结讲话，他说："……这些坏分子和犯罪分子出在咱们吴庄区，是咱们吴庄人民的耻辱，给咱们吴庄区抹了黑。但是咱们同时也应该看到，它既是件坏事，也是件好事。为什么说是件好事呢？一是他们被及时的发现和揪出，防止了他们继续干更大的坏事和继续作更大的恶。二是他们就是一面镜子，大家要从他们身上吸取教训，引以为戒。谁要是再学他们干坏事和作恶多端的话，这就是他们的下场，他们就会被绳之以法，就会被无产阶级所专政……"

书记讲完话，主持会议的区长说各村村长留下来，下午继续开会，其余的人散会。

二十六、渡口相遇

王强想赶快回家，早上急急忙忙从家里走了十几里路，到了区上，又被挂牌站了一个多小时，有点精疲力尽，再加上天已经到了晌午，肚子又开始"咕咕"的叫了，没有多少力气再步行，于是就匆匆赶到龙河渡口，看有没有船筏载他回去。

中秋的中午，天气还是很炎热的。走的有点冒汗的王强，不时用手抹了抹脸上的泠出的汗水。当他急急忙忙来到渡口时，他竟见到了余桂兰。

此时的渡口静悄悄的，没有上下来往的小船和筏子，这里唯一的渡船静静地停在河对岸。这个渡口是连接吴庄集和另外一个村庄来往行人的"桥梁",平时过河的人很少,只有在吴庄逢集的时候,人才会多起来。负责摆渡的人,住在河对岸的两间茅草屋里,这边需要过河的人,只要朝对岸高声喊一嗓子:"师傅,过河"。这时摆渡的人就会从屋里或者田地里走出来,跳上那个不大的木船。在木船的上方,有一根和渡船连在一起的绳索,这根绳索的两端分别系在河岸的大柳树上,他只要用手拉着绳索,不用划船的桨,也不用撑船的篙,木船就会很轻盈地来到你面前。

这会儿余桂兰就坐在渡口边的一阶台阶上,呆呆的望着河水出神,岸边的大柳树,给她遮去了有点直射的阳光。

王强急匆匆地脚步声,使她从遐想中转过神来,她发现王强时也感到很意外,就连忙站起身来。

他们两人目前的关系很微妙:说他们认识吧,在被批斗之前是完全陌生的,彼此就是路人。说他们不认识吧,他们又同在一个台子上被批斗,而且还靠得很近,并都暗暗地观察过对方。

知道她是余年旺的妹妹后,王强就觉得自己有一肚子的话要对她讲,会后对她的不知去向而感到惋惜,现在她突然出现在他面前,使他始料不及,满肚子的话竟忘得一干二净。

他们谁都没有说话,相互微笑着看着对方。此时纠缠他们的,是这段共同的不光彩的经历,让他们都羞于开口。这样过了好大一会儿，还是余桂兰首先打破了沉默：

"你也想坐筏子回去？"

"是的，再走回去又热又累。"

看着脸上冒出汗的王强，余桂兰相信地点了点头，她指着清凉的河水说："洗洗脸吧，这样能凉快些。"

王强按照她说的，走到最接近河水的那阶台阶，蹲下身来，双手捧起河水，很利索地冲洗了一下。

看着王强顺从地按自己说的去做，余桂兰感到她和他就不再是生人了，羞涩之意也就没有了。她等王强洗好脸，就问他："你也在朝鲜打过仗？"

余桂兰的话，唤回了王强想要对她讲的话。他激动地对余桂兰说："俺认识你哥哥，在归管处俺和他睡连铺哩，你哥哥对俺可好了。"

"我听她们批你的时候，我就感觉到你一定认识我哥哥。你说我哥哥怎么会是叛徒？我一点都不相信，在敌人那边他都没有想到去死，可是好不容易回来了，他怎么又会畏罪自杀呢？"说着说着，余桂兰的眼泪就唰唰地掉了下来。

看着因悲伤而激动的余桂兰，想到自己也受到的委屈，王强的眼泪也在眼眶里打晃，他竭力想克制住，不让它流出来，可是泪珠还是滚了下来。刚才还是相视而笑的两个人，现在却是相对而泣。

静静的龙河，见证着两个年轻人肉体和心灵上的折磨。缓缓流淌的河水，在阳光的照射下，泛着淡淡的金光。偶尔有捕捉小鱼的翠鸟掠过，就击碎了那片金光，如同破碎了的两个年轻人心中那曾经美好的憧憬。

泪眼婆娑的余桂兰突然停止了哭泣，她看到了一个人也在向渡口走来，她连忙擦了擦眼泪，对王强说："那个流氓向这儿来了。"

王强顺着余桂兰的目光望去，果然在大路的很远处，有一个人向这边走来。由于离得远，王强不知道那人是谁，就说："流氓犯不是被逮捕了吗？"

余桂兰说："他比那个流氓犯还要流氓一百倍，他就是扒我的那个人。"

王强也还是看不出那人是谁，就说："你不会认错吧？"

"没有认错，他也是余家坳的，就是扒了他的皮，我都认识他骨头。"余桂兰咬着牙说："我本以为走水路能摆脱他，不成想还是和他撞在了一起。"

看来她和他肯定有过不同寻常的交往，余桂兰很可能不想再见到他。确实从他批斗她的态度来看，他好像不完全是公事公办，里面好像还掺杂着个人的恩怨。

这时从上游撑来一只小竹筏，筏子上只有一个人，王强连忙向撑竹筏的人挥了挥手，高声喊道："师傅，带俺一程。"

那撑筏的人也高声回应着："好的，你等一下。"说着将筏子慢慢向岸边拢来。

王强又对余桂兰说："你先随俺回王山窝吧，吃过饭俺再把你送到余家坳去。"

余桂兰连忙摆着手说："那怎么行，这样太麻烦你了。你先回去吧，我再等一会儿。如果那个流氓也要坐船回去，我就再回区上，从旱路上回去。"

王强恳切地说："一点都不麻烦，如果和你哥对俺的恩情比起来，这根本就不算什么。"看到余桂兰还在犹豫，王强又补充了一句："俺还没给你说你哥的事哩，难道你不想知道吗？"

说话间，撑筏的人来到跟前，他弯下腰，通过绳索，将筏子停在了岸边，他站在竹筏上，手扶着绳索，很好奇的看着他俩，问道："你们谁跟我走呀？"

王强笑着对他说："俺们都跟你走。"说完他伸出手来，示意余桂兰赶快上筏子。

也许是王强的最后一句话起了作用，余桂兰意识到，他是见哥哥最后一面的人，她要知道哥哥寻断见的原因和经过。于是她不再犹豫，她弯腰从台阶上拿起一小包东西，然后很大方的握着王强的手，跳上了竹筏，王强随后也跳了上来。

小竹筏上只有一个小竹凳子，王强叫余桂兰坐下，余桂兰还要谦让，王强说："俺站得稳的，你快坐下吧。"

撑筏的人有三十多岁，是个很壮实的汉子。他看余桂兰坐稳妥了，就说了声："咱们走了。"将竹篙向水里轻轻一插，筏子就稳稳的向下游驶去。

这汉子看到余桂兰手里拿着用黄草纸包着的小纸包，再看看她身后站着的王强，猜测地问道："小俩口是走亲戚的吧？"

王强向他摆了摆手，脸上不自然的笑了一下，算是否定了他的问话。

而余桂兰的脸一下子就红了起来，她将头埋在胸前，小声的回答着："师傅不要乱讲，我们是刚认识的。"

"哦，哦。"这下轮到这汉子不好意思了："我看着有点像，就随便问了下，你们别介意"。停了一会儿，他又问道："哦，对了，你们到哪里去呢？"

这次王强抢着回答："俺们到王山窝。师傅，你要多少钱哩？"

"哦。要什么钱呢。"那汉子摇摇头:"我又不是做生意的。我到桃花渡办点事,正好路过王山窝,带上你们很方便的。"他一边掌握着筏子的方向和速度,一边有一搭没一搭地和王强唠着:"你们是王山窝的吗?"

王强不假思索地回答道:"是的。"

"王山窝在咱们区是很有名的呀。"

"有什么名哩?"

"什么都要争第一呀。"

"有什么是第一?俺怎么没听说过。"

"第一个分了地主的地,第一个扒了地主的墙,第一个成立了互助组,第一个……"

"你怎么知道的那么清楚哩?"

"听别人家讲的呀。"

"……"

撑筏子的人,一边和王强闲聊,一边将竹筏驶得缓急得当。

王强也会使竹筏,但技术远不如他,看到他使的那么得心应手,着实在心里羡慕。

竹筏在青山绿水中穿行，河面上没有一丝风儿，头上艳阳高照，脚下河水清澈见底。

余桂兰暂时忘记了心头的悲伤、耻辱和愤怒，现在她摆脱了她愤恨人的纠缠，和哥哥的生前的好朋友在一起，她的心情也像这清凌的河水，渐渐舒展开来。

竹筏在拐一个很急的弯，王强站立不稳，他的手不由自主地放在了余桂兰的肩膀上。余桂兰知道王强在寻找一个支撑点，以使自己站得更稳固。于是她直了直腰，以便让王强扶得更牢固些。

虽然河水流淌的很缓慢，但是顺水的小竹筏还是很快的将他们带到了王强的家乡。

二十七、被欺辱

对于余桂兰的到来，王强的娘真是高兴的不得了，她就像过年一样，不，简直比过年还要让她欢天喜地。余桂兰长得中等身材，圆脸大眼睛，呼闪的眸子水灵灵的，一张小嘴"大伯、大妈"的叫着，把她的心都给叫酥了。知道王强他俩还没有吃中午饭，就叫王钢到张志的父母家去借点香油，把家里仅有的三个鸡蛋全都和着葱花给炒了。她又单给余桂兰拨了一碗面疙瘩汤，要她吃下去。余桂兰说什么也不愿意一个人吃，非要给王强匀出半碗不可。看着他俩吃着好面少、杂面多做成的花卷，就着葱花炒鸡蛋，喝着面疙瘩汤，王强的娘心里那个舒坦，简直没法说。接着又张罗着王娟去捉那只已经不太下蛋的母鸡，说是晚上给你桂兰姐炖鸡汤喝。

余桂兰被王强一家人感动的直想掉眼泪，她拦住王娟不要去捉那只鸡，说吃过饭就回去，家里人可能还在担心她呢，她是不能在这儿久留的。

王家人都很惋惜没有留住余桂兰。王玉德说："俺去找条船去，让王强把你送到家。"在王强和余桂兰吃完饭没有多长时间，王玉德就借来一条小木船，余桂兰匆匆和王强的父母以及弟弟妹妹们告别，踏上小船。王强则抄起双桨，划动起小船，慢慢驶离河岸，按照他们来时路，逆流而上，原路返回。

在回来的路上，王强一边划着桨，一边把余年旺不甘屈辱，跳井自尽的经过详细地告诉了余桂兰。

余桂兰听后，又一次泪流满面，这是她一天之内的第三次哭泣。第一次是在批斗会结束的时候，和女村长讲她先回去。随后她来到一个没有人的地方，再也抑制不住自己的情绪，屈辱的眼泪夺眶而出。

王强也为余年旺的不幸所伤感，看着悲痛的余桂兰，王强心里隐隐作痛，他的眼睛也变得湿润起来。他静静的划着船，一时不知道该怎么安慰她才好。

小船不知不觉来到了吴庄渡口，余桂兰的悲伤渐渐消去，在小船通过绳索后，她来到船尾，对王强说："你歇息一会儿吧，我来划。"

在刚才的叙述中，由于注意力的分散，王强并不感到有多累。现在经她这么一说，他才感觉有点乏了，他停下来，望着余桂兰说："你会使吗？"

余桂兰勉强地笑了笑说："我也是河边长大的，我也会使的，可能没有你使得好吧。"

王强站起身来，把双桨让给余桂兰。令王强没想到，她使起双桨来真的是有模有样，小船在她的操控下，在逆流中踽踽前行。

余桂兰舒展了一口气，两眼目视着前方，缓缓地说："你想不想知道他们为什么叫我那个吗？"

王强一时没有反应过来，她说的"那个"是什么意思，就问道："哪个哩？"

余桂兰不由地苦笑了一下，说："就是破鞋。"

王强摇摇头说:"俺不相信他们说的,俺感觉到他们是在给你扣屎盆子。"

"何止是屎盆子,他们是在诬陷我,是想把我整治死啊。"于是余桂兰把自己的遭受到的不平,全部告诉了他。

原来余桂兰从小性格就开朗、活泼、可爱,和谁都能合的来,而且乐于助人,这本来是人性优秀的一面,然而却给她带来了不幸。

余家坳村村长的男人,也就是批斗余桂兰的那个人,见余桂兰出落的清纯、俊俏,又喜欢和男人说话,就认为她水性杨花,容易被诱惑,所以就想占她便宜。有事没事就找余桂兰套近乎,开始余桂兰没有向坏处想,认为他是有妇之夫,并且有儿有女,不会对她有什么非分之想的,所以她也就像对待其他人一样,与他正常交往,可是在和他单独相处的时候,他竟对她动手动脚,直接用手去触摸她的屁股或者胸脯。有一次,他色胆包天,尾随余桂兰到女厕所,余桂兰刚要小解,他突然窜了进去,抱着余桂兰就要和她亲嘴,并把手向她的下体摸去。余桂兰一边大声呵斥他,一边拼命反抗,两人就在厕所撕扯起来,而在这个时候,余家坳村有名的"嫉妒坏"进来解手,看见他俩拉拉扯扯,就问道:"你俩在干什么?"

余桂兰说:"他对我耍流氓。"

村长的男人见事情败露,就反咬一口:"我不是耍流氓,是她叫我进来的,说这里没人,别人看不见。"

平时这"嫉妒坏"见本村的男人都爱围着余桂兰转，不怎么理会她，心理就不平衡，背后说余桂兰是狐狸精，风流下贱，喜欢勾引男人。现在听到村长的男人说余桂兰引诱他，这下她可抓住余桂兰的把柄了，她不由余桂兰辩解，就站在了村长男人一边：一来可以用这件事情搞臭余桂兰，解她心头之恨；二来还可以攀上村长这个高枝。

"嫉妒坏""呵呵"地笑了两声说："余桂兰啊余桂兰，你个骚货，你谁都勾引啊，你连村长的人都敢玩，你可真是骚到家了。"

余桂兰没有想到她会这样说，就争辩道："你怎么血口喷人，谁是骚货？我谁也没有勾引。"

"嫉妒坏"挤鼻子攒眼地说："还不承认，我都看见了，干那事也不找个好地方，骚茅屎臭的地方，也能干起来。"

余桂兰气得浑身直发抖，她知道她已经和他俩说不清楚了，一个本本分分的姑娘家对这突如其来的厄运，怎么能应付得了，她蹲在厕所里嚎啕大哭起来。

二十八、妇唱夫随

然而她的痛苦并没有唤起两人的恻隐之心,两人依然不依不饶的数落着余桂兰。女厕所就在村部附近,有人有事到村部来找村长,听到厕所里有吵闹声,就进来看是怎么回事,见是他们三个,就连忙把他们拉开,说:"有什么话不能到外面去说,在这里吵吵闹闹,也不嫌晦气。"

三人被他赶出了厕所,余桂兰撕心裂肺的哭声招来了更多村民的围观,有人飞快地跑去告诉女村长。女村长来到后,"嫉妒坏"就赶紧迎上前去,讨好地说:"余桂兰这个骚货勾引人,被我发现了,她还不承认。"

女村长问:"她勾引谁?"

"嫉妒坏"用眼睛瞟了一下女村长的男人,就不再言语了。

女村长的男人连忙表白:"我没有上她的当,我当时毅然决然的拒绝了她的无理要求。我说我是有爱人的人,我爱我爱人,我爱人也爱我,我怎么会和你胡搞呢,你胆敢引诱我,算是瞎了你的狗眼。"

"嫉妒坏"见女村长的男人一说完,就赶紧附和道:"对对对,我在茅厕外面都听见了。"她指着女村长的男人说:"他没有被这个狐狸精迷惑住,他还批评了她,说你怎么不学好呢?这是在破坏人家的家庭,以后不要再这么做了。"

余桂兰见女村长的男人和"嫉妒坏"一唱一和地诬陷自己,她感觉自己就是有一百张嘴也说不清楚了。这时余桂兰的父亲急急忙忙地赶了过来,已经有人把事情的缘由告诉了他。他为自己的闺女辩解道:"我的闺女我知道,她只是有点疯疯张张,绝不是像你们说的那样,去破坏别人的家庭。"

女村长开口了:"你家闺女勾引别人的男人,是被人当场捉住的,她不承认也有情可原。可是你还护短,帮她说话,你这不是教育她、教她学好,而是娇惯她,是在害她。"

余桂兰的父亲自然不会让人把屎盆子往自己女儿身上扣,他辩解道:"我都是教她学好,安分守己的做人,怎么会教她学坏呢?她是不会做丧良心的事的。"

女村长冷笑了两声,说:"你不会教她学坏?别忘了前有车后有辙,那余年旺你是怎么教的?他怎么成了叛徒?怎么成了坏分子?"

提到余年旺,余桂兰父女俩喑住了。女村长这一问,可谓是一剑封喉。只见余桂兰的父亲不再言语,眼泪顿时"唰唰"地往下掉,他抬手打了自己一个耳光。余桂兰一下子跪在父亲目前,双手紧紧抱住他的胳膊,哭喊着:"你别这样,你要打就打我吧,是我不好。"

余桂兰的父亲颤巍巍地蹲下身子，抱住余桂兰的头，俩人相拥大哭。

围观的村民见此情景，有的叹息、有的摇头："真是家门不幸啊。"

有的则表示怀疑："勾引人怎么会在茅厕里？"

有的鄙夷、不屑："这是上辈子没积德，造孽啊。"

有的幸灾乐祸："整天价和这个打个情，和那个骂个俏，遭报应了吧。"

"……"

女村长脸上无动于衷，心里却美滋滋的：叫你洋洋得意，叫你不知天高地厚。她深深地出了一口气，然后对围观的村民们挥挥手说："有什么好看的，都散了，都散了，，该干什么干什么去。"然后她又对自己的男人说："走，跟我回家。"

众人被女村长这么一咋呼，也觉得都是乡里乡亲的，再看下去脸上也挂不住，于是也就怏怏地离开。

这时有好心人上前劝慰道："我们觉得兰兰不是这样的人，'嫉妒坏'的话还能信？"

"就是，她村长的男人也不是什么好东西，说不定早就打兰兰的坏主意了。"

"只是她们嘴大，说得和真的一样。"

"再加上有一群舔腚眼子的，你们以后可要小心呀。"

"……"

女村长把自己的男人叫回家后，自己往竹椅子上一坐，眼睛往跟前的男人身上一瞪，严厉地问他："你给我说实话，你今天是想调戏她还是想奸污她？"

村长的男人满脸堆笑地说："哪里话，我既没想调戏她，更没想要奸污她，确实是她勾引我，被我严词拒绝了。"

女村长一拍桌子，怒气冲冲地说："你放屁，你还在给我说瞎话，我还能不知道你是个什么东西，想当年你怎么花言巧语哄骗我，你都忘了吗？"

村长的男人见很难再哄骗下去，只好实话实说了："我当时怎么就给着了魔一样，不知不觉就跟她进了女茅厕，我可没做对不起你的事，我只是想摸摸她。"

女村长起来走到她男人面前，抬手搧了他一个耳光，骂道："你个不要脸的东西，吃屎的狗不离草园子，你是从什么时候开始勾引余桂兰的?你们勾勾搭搭多长时间了？"

"我对天发誓,我和她真是清清白白的,我以前从没有碰过她,我今天可是第一次摸她,也没摸成,就被'嫉妒坏'给搅了。"女村长的男人嗫嗫嚅嚅地说。

女村长听了他的话,不由醋意大发:"我看你是被那个狐狸精迷住了,你的魂都在她身上了,今天要不是'嫉妒坏'撞见,你们早就勾搭成奸了,以后还想把我甩了,是不是。"

"不是,你就是借我个胆子我也不敢,我的魂还是在你身上的。"女村长的男人,看到女村长有些软了,就开始嬉皮笑脸起来。

"那你以后再也不许和那个骚货、破鞋来往,如果我知道了,看我不打断你的腿。"

"我赌咒发誓,以后再也不和她来往了,我说到做到,你就看我的行动吧。"

"……"

二十九、雪上加霜

余桂兰的名誉毁在了女村长俩口子和"嫉妒坏"这三个人手里,心里喜欢她的那些男青年,也渐渐和她疏远了起来,本来就不大和她一起玩的女伴们，这下子对她更是避而远之。一些长舌妇捕风捉影，指指点点，飞短流长，她们从此有了更多饶舌的话题。余桂兰的父亲痛心疾首，恨铁不成钢地对她讲："以前叫你别那么疯疯张张的，你不听，现在惹出事了吧。你哥已经出事了，咱家是再也经不起折腾了，只要你们姐弟俩能平平安安，我和你娘，就是死也瞑目了。"

余桂兰说："是他们诬陷我，我是冤枉的。"

"我也知道是他们在诬陷你，你是冤枉的，可是咱们有什么办法呢？嘴在他们身上长着，他们想怎么编排就怎么编排，天底下哪儿没有冤死的鬼啊。"余桂兰的父亲无可奈何地说。

都说"江山易改，秉性难移。"实际上是人的秉性没有遇上使它改变的环境，当一个弱小的个人和强大的生存环境相碰撞的时候，败下阵来的只能是弱小的个人。余桂兰也曾想走她哥哥余年旺的路，一死了之。可是她看到每日操劳的父母和尚未成年的弟弟，理智告诉她，她不能那样做，哥哥的不幸，已经给他们造成了很大的伤害，她如果再和哥哥一样，那岂不是给他们雪上加霜？死都不可怕，活着难到比死还可怕吗？死都可以坦然面对，还有什么不可以一笑而过的呢？余桂兰变了，她不再无忧无虑，活泼开朗，而是沉默寡言，与世无争，她只求自己能像是荒山野地上的一棵小草，逆来顺受的活着。

这件事过后没有多长时间，女村长找区委书记汇报工作，末了，区委书记对她说："最近区里要开公开逮捕大会和批斗坏分子大会，咱们区各个村要么有犯罪分子，要么有坏分子，唯独你们村没有，难道你们那儿是一片净土吗？"

女村长见书记这么说，以为是在批评自己，连忙迎和道："我们怎么可能是世外桃源呢？我们那儿虽然现在没有犯罪分子和坏分子，也不代表将来没有，我们村现在就有可能有出现犯罪分子和坏分子的苗头。"

"要是能及时发现，做到防患于未然，那是最好的啦。你说说看，出现了什么不好的苗头？"区委书记对女村长的话很感兴趣。

女村长说："我们村有个女青年，作风极为不正，喜欢和人搞破鞋，如果不及时教训她的话，有可能成为一个女流氓。"

区委书记说："挽救失足青年，防止他们走上歪门邪道，或者说是防止他们走上犯罪的道路，也是我们的一项重要工作。可以让她和坏分子一起批斗，一来可以让她深刻地认识到自己行为是多么的严重，以后能悔过自新；二来可以教育其他青年以她为镜子，防止其他人犯类似的错误。"

女村长连忙恭维地说："还是您站得高看得远，我可没有想到这些。我只是恨她，她怎么能是这样的人呢？就不知道怎样才能把她挽救过来。您这么一说，我心里顿时就亮堂多了。"

区委书记的胸脯向前挺了挺，脸上微微一笑，给女村长的感觉就是一个未卜先知的圣人。然后他很亲切地问女村长："要不要批斗组到你们村去组织一下她的材料？"

女村长想了想说："我们村的一些人对她的行为也很气愤，对她的一些见不得人的事也很清楚，让他们其中的一个参加批斗组就行了，就不麻烦批斗组的其他同志了。"

区委书记一听，说："那行，你们就抓紧时间准备吧，这两个会很快就要开了。"

女村长回到家里后，对她男人说："你不是要我看你的行动吗？现在机会来了，过两天区里要开批斗余桂兰的批斗会，我给你报了名，让你参加批斗组，你就准备上台批斗余桂兰吧。"

村长的男人问："都批斗她什么呢？"

"就批她怎么和人搞破鞋的。"女村长好像有些不耐烦了。

"哪有影的事啊。"她男人哭丧个脸说。

"怎么？你不想批她？批她你心痛了？"女村长不高兴了。

"不是我不想批，可她也得有事要我批呀？"

"她搞破鞋的事还能给你说吗？"

"就是，她不说，我怎么知道。"

"你不是很能说瞎话的吗？，咱村谁能说过你？这次你就放开量的去说，说的越好听越好。"

开批斗会那天，女村长同样没有和余桂兰及她的父母说真话，她是说要余桂兰到区里去参加一个学习班，让她受受教育，提高她的思想觉悟。余桂兰的父母说这是对兰兰好，应该去的，并嘱咐她好好听村长的话，千万别由着自己的性子。临来，余桂兰的母亲还拿了几个鸡蛋，叫她到供销社换斤盐回来。

和王强一样，到了区里，余桂兰才知道是怎么一回事，她说什么也不愿意接受批斗，并再次申辩自己是冤枉的，不是别人说得那样。

女村长唬着脸说："你父母把你交给我了，要你好好听我的话，你如果不愿意，就是不听你父母的话，如果出了什么问题，可都是你自己造成的，于我无关。你要知道，这可是在区里，不是在咱们余家坳。"说完，她用手指了指附近的几个公安人员，意思是在这里，已经由不得你了。

余桂兰被吓懵了，孤独无助的她被懵懵懂懂地押上了台。

三十、情深意长

女村长的男人果然没有辜负女村长的期望，他别的本事没有，就会耍嘴皮子，编起瞎话来，一点都不脸红，听上去好像是真的。他把自己的意淫都变成了余桂兰的行为，表演的得活灵活现。女村长认为余桂兰一定会恨他恨得要死的，自己的男人和余桂兰的关系，是彻底决裂了，她提着的一颗心也就放了下来。

批斗会后，余桂兰找了个没人的地方，痛哭了一场。不知哭了多长时间，直到肚子感到饿了，她才想起还要去换盐。换了盐后，她不想在回去的时候，再碰上女村长或者她男人。于是她就匆匆赶到渡口，想搭船回去，在这儿她碰巧遇见了王强。

听了她的遭遇，王强真不知道这个世界怎么会是这个样子。他觉得他和余桂兰就像这河里的水草，河水向东流，它就得跟着向东弯曲，河水向南流了，它也就得跟着向南弯曲。也许有早一日，河水改道向西、向北淌了，它也必须跟着向西、向北弯曲。同时河里的小鱼小虾们想咬它几口就咬它几口，它也只能默默地承受，毫无反抗之力。

余桂兰讲完后，他俩谁都没有再说话，可能他们谁都不知道该说些什么好。王强此时想哭，他觉得余桂兰比他还要不幸，他犯得过错他自己承担是应该的，可是余年旺的过错，余年旺已经为此付出了生命的代价，这还不够，还要由她来担当，这也就太不应该了。他想不通，可是他想不通又没有什么办法。所以他想哭，但还是没有哭出来，因为他觉得如果自己悲伤了，不会给她带来一丁点的安慰，反而只会加重余桂兰的悲伤。

他们就这样沉默着，只有余桂兰手里的双桨在"吱哗、吱哗"的作响，打破了四周的寂静。太阳开始西下，小船不知不觉地把他们载到了余家坳。余桂兰稳稳地将小船靠在了岸边，她对王强说："天不早了，我就不请你到我家去了，你赶快回去吧。"

王强知道她的意思，如果他现在和她一起上岸到她家，肯定要被人看到，那就会给她带来一些风言风语，平添一些乱。他来到船尾，接过双桨，还是有些依依不舍地对余桂兰说："真想再送送你。"

余桂兰跳上岸，深情地看了王强一眼，说："我家住在村子的西头，就顺着这条路一直往前走，见院子里有一棵柿子树，那就是我家，其他院子里是没有的。你以后如果有时间，欢迎你来。"

王强说："俺记住啦。"看着转身就要离去的余桂兰，王强无限向往地问她："你可知道什么时候再开批斗会啊？"

这句话把余桂兰逗笑了，她知道了王强的心意，她感到心里热乎乎的。她转过身来，嘴里"嘻嘻"地笑着，没有回答王强的问话，反而反问道:"我怎么知道什么时候再开呢?你还没被人批斗够呀?你被批得上瘾了吗?"然后她向王强挥了挥手说:"你快回去吧,到家天要黑了。"

王强点点头,说:"再见。"说完将船划向了河心。

余桂兰又赶紧走到河边,大声嘱咐他道:"路上要小心些啊,拐弯时要把稳桨。"

王强回到王山窝的时候,天已经完全黑了下来。黑暗中,他摸索着将船拴好。虽然又饿又乏,但他一点都不觉得什么,反而觉得自己特别有精神。他的脑海里不时地闪现着余桂兰的愁和怨、笑和颦。

王强的娘见王强回来了,就寸步不离的围着王强问余桂兰这、余桂兰那。

王玉德埋怨她道:"你看把你张惊的,有什么话不能等他吃完饭再说吗?"

王强端起王娟给他热好的红芋饭,刚要往嘴里扒,这时一个和王钢差不多大的男孩子,气嘘喘喘地跑进院子里,大声的喊道:"王钢被人打了,你们快去看看吧。"

三十一、王钢受伤

王强赶忙放下碗筷,来到那个男孩子身边,问他在什么地方。那男孩告诉他,在村南边的晒场上。王强飞快地向晒场上跑去,在晒场边果然看到两个黑影,一个蹲在地上,一个趴在地上。王强快步上前,他看到趴在地上的是王钢,只见他双手捂着脸,痛苦地呻吟着。

王强一边喊着王钢的名字,一边抱起王钢的头,随后向他的手上摸去,感到粘乎乎的,放到眼前一看,是血。他问王钢:"你怎么了?谁打的你呀?"

王钢喃喃道:"俺的眼,俺的眼。"

王强问:"你的眼怎么了?"

"他们砸着俺的眼了。"王钢愤愤地说。

"痛吗?"王强又问。

王钢说:"痛的很。"

王强抱起王钢说："咱们回家。"

回来的路上，王强遇上急急忙忙赶来的父母和王娟。他边走边对他们说："弟弟的眼被人砸淌血了。"

王强的娘问："是哪个王八羔子砸的呀？"

刚才蹲在地上、陪着王钢的那个男孩回答道："不知道是哪个砸的，俺在旁边看他们几个吵架，吵着吵着，他们就用石头砸王钢，就听他惨叫了一声，就倒在了地上，后来那些砸他的孩子就都跑了。"

把王钢抱回家来，就着煤油灯微弱的光线，王强看到弟弟的右眼已经血肉模糊。

王钢微微睁开左眼，泪水在左脸颊上流淌。他痛苦地对王强说："哥哥，俺的另外一个眼睛什么也看不到了。"

听到王钢这么说，王强的娘"儿啊、儿啊"的大哭起来，而这时的王娟早已哭成了一个泪人，自见大哥抱着二哥回来，她好像就预感到了什么，就一直"嘤嘤"地哭个不停。

王钢瞎了一只眼睛，这只眼睛是因为王强而瞎的。

这天晚上吃过饭后，王钢和村子上的小伙伴来到村南的晒场上，他们议论了一下，说今天晚上天太黑了，不好找人，就不玩藏老猫(捉迷藏)了，要玩就玩斗拐，大家一致同意说："好。"

斗拐要分成两班人，由两个实力相当的人，分别为小头领。然后从剩下的人中挑选自己的人。为了公平起见，两个头领要以告吃（玩石头剪刀布）来决定挑选自己人员的顺序。只见两个小头领先向手心里哈了一口气，嘴里再喊着一、二、三，然后一起出石头剪刀布，赢了的那一个，挺胸阔步地对着另外一个首领以外的人高声喊道："张祖亮（当地的抗日英雄）扛大刀，所有的人马紧俺挑。"说完后，他就挑走一个自己中意的人。接着就是另外一个首领挑人，他也高声的喊道："张祖亮扛大刀，俺的人马俺来挑。"说完后，他也挑走一个自己中意的人。就这样他俩轮流挑选，直到把所有的人挑完为止，如果剩一个人，则由这个人自己决定他要属于哪一班。两个小头领要各领一班人，把另一班人斗败为止。

当他们其中的一个小头领挑到王钢时，他已经挑过的一个人对他说："咱别要王钢，王钢的哥哥是叛徒，是坏分子。"

王钢一听有人在说他哥哥的不好，他就不愿意了。他向伙伴们解释道："俺哥不是叛徒，他一点都不是坏人。"

这时小芹的弟弟插话了，他说："怎么不是坏人？就是坏人。听俺姐夫说，今天吴庄集都开批斗他哥哥的大会了。"

小芹的弟弟说得没错，批斗王强的事，是天成听他爹村长讲的，他又当成了一件很解气的事，在小芹家很得意地给透露了出来。

按照当地的风俗习惯，结婚的第二天，新郎就必须和新娘一起，回到新娘的娘家去，拜谢岳母、岳丈。就在昨天，新婚之夜的天成有些纳闷：因为小芹没有见红。听人家讲，新媳妇第一次和男人睡觉的时候，应该淌血和难受，如果不这样，就是和其他人睡过了。他和小芹睡觉的时候，他感觉到她并不难受，反而很好受，也没有看到小芹淌血。于是他就醋意很大的问小芹："你和王强睡过了吧？"

小芹瞪了他一眼，不高兴地说："俺和你爹睡过了。"

一根筋的天成，以为小芹讲的是赌气的话，来掩盖她和王强睡过的事实。他怕小芹生气，就连忙的劝小芹说："没睡过没睡过就是喽，别讲的那么冲。其实就是你和他睡过，俺也不在意的，只要咱俩好好过日子，你是俺媳妇，这比什么都强。"

小芹听了有些感动，她知道王强和天成这两个男人，最喜欢她的是天成，天成对她的喜欢好像是自然就产生的，她说什么他就信什么，她叫他干什么他好像都乐意，从不用脑袋去想一下为什么，小芹就是让他跳河，他可能也会二话不说"扑通"一声栽进去，虽然他不像王强那样会游泳。王强喜欢她，她觉得也就像她以前喜欢王强一样，认为他俩才是一对，她就是他应该喜欢的人，她也就理所当然的喜欢他，他们相貌相当，家庭相当，地位也相当，于是他们让人羡慕，于是他们也就相互喜欢。可是有一天，两个相当的人不再相当了，于是喜欢也就嘎然而止了。同时小芹认为以前付出的喜欢，没有得到预期的回报，而吃亏了，因此变得恼羞成怒。令她没有想到的是，她的这种恼羞成怒，使她付出了很大的代价，她落入了村长的圈套，被他抓住了把柄，又不得不委身于他，成了他的玩物，这使她的身价降了下来，以至于她认为她和天成相当了。所以天成的娘来提亲，她这时认为她和天成是般配的。

天成嘴上这么说，实际心里还是很在意的。这成了他的一个心事，这件事他还不能迁怒小芹，其实他也不想迁怒小芹，因为他实在是喜欢她，他怕因为这件事而失去小芹。于是他就自觉或不自觉的把郁闷迁怒到朱家身上：怎么养的闺女啊！

在中午吃饭的时候，小芹的娘没话找话的说："早上看到村长和王强急急忙忙地出去，他们干什么去哩？"

提到王强，天成心里自然就不舒服：还想着王强是吧？既然看中他了，把闺女都给他睡了，为啥还要嫁给俺哩？他觉得小芹的父母真是势利眼，把个闺女当成了捕鱼的网了，想往哪撒就往哪撒，光想着网大鱼，结果被鱼咬了，变成了一个破网也不在意。看看现在的王强是个什么人吧，于是他就说："俺爹今天是带他参加批斗会哩，吴庄集今天开他的批斗大会。"天成想通过这件事，来说明他要比王强好，他们不该让王强把小芹给睡了。

天成说这话的时候，小芹的弟弟也在场。所以当天晚上，小芹的弟弟为显示自己的与众不同，或者是表示自己消息灵通，就说出了刚才的那些话。

这些孩子们认为，王钢的哥哥是坏人了，那么王钢也就不是什么好人，而他们好人是不能和坏人一班的。

王钢不相信哥哥被批斗，因为王强回来的时候，还有一个很俊的桂兰姐和他在一起，谁会和一个挨批斗的人在一起哩？所以他就坚持说："不是开批斗会，是开别的会。"

在这群小伙伴里，相信小芹弟弟的话的人多，他们争着要和王钢划清界线，嚷嚷着不和王钢玩，要赶走王钢。王钢不愿意，他们仗着人多，就推搡王钢。

血性的王钢不怕这一套，就还手和他们推搡起来。毕竟他势单力薄，推搡不过他们，他被推搡到了场边。急了的王钢弯腰捡起一块小土疙瘩，他高高的举过头顶，就假装它是一块石头，吓唬他们说："你们谁再撵俺，看俺不砸死你。"

那群半大孩子，在黑夜里还真以为他拿的是块石头，也真怕他砸过来，就都吓得跑到场的另一边。这时就听一个孩子说："他砸咱们，咱们也砸他。"于是他们就纷纷捡起场边的土疙瘩或者石头，朝王钢砸了过来。黑暗中，一块石头正砸在王钢的右眼上，王钢一声惨叫，扑倒在地上。

听到王钢痛彻心肺的惨叫，那群孩子知道闯祸了，先是面面相觑，然后就像群鸟兽似的，四下散去了。只剩下在旁边看热闹的两个孩子，他们一个留下来照看王钢，另一个则跑去王钢家报信。

王玉德为搞清楚是谁砸的王钢，他到那天晚上和王钢一起玩的孩子家询问，可是没有一家的孩子承认是自己砸的，也都说天太黑，不知道是哪个砸的。

王钢瞎了一只眼，而且瞎得不明不白，瞎得既冤枉又无奈。

三十二、"无不知"

王强所期盼的批斗会再也没有开成，因为区委书记和区长意见不统一。按照区委书记的意见，批斗会和公开逮捕大会开完后，坏分子也要和犯罪分子一同游街的。

区长认为这几个坏分子还是要和犯罪分子有区别的，因为他们还年轻，没有犯罪，也没有多少民愤，有的本质上还有好的一面。比如那个志愿军战俘，他在朝鲜战场上还奋不顾身地救过一名落水的朝鲜妇女，受到朝鲜方面的高度赞扬，所在部队也给予了表彰。还有那个所谓的破鞋，我听一些群众反映，她的生活作风还是没有多少问题的，只是好和男同志打情骂俏而已，他们都还是能改造好的。现在批斗他们，也是他们自己造成的，他们应该接受这个教训。如果让他们和犯罪分子一同游街的话，影响面太大，有可能使他们产生他们也是人民的罪人，导致破罐子破摔，而真的走上犯罪道路，这就和我们要把他们改造好的本意背道而驰了。我觉得以后这样的批斗会也尽量的少开，开多了容易给不知道的人造成错觉，还以为咱们区坏分子还不少呢，这不是自己给自己找难看吗？

区委书记心里不悦，还要坚持自己的意见，其他几位委员见区长讲得在理，也都附和说："是这样，批斗会开多了，不但形象不好看，还会影响正常的生产和生活秩序。"

区委书记无奈，只得说："我们要将这些坏事努力变为好事，以起到教育群众的目的，这事就按照大家的意见办吧。"

批斗会没有再开，王强想"冠冕堂皇"见余桂兰的愿望就不能实现。王强的娘比王强还着急，多次催促王强去见余桂兰，说余桂兰对王强也好像有那个意思，这事要趁热打铁，不能耽搁，一耽搁就黄了。其实王强也很想去找她，只是怕给她带来不好的影响，因为她和别人还是不一样的。王强的娘却不知道这些，见王强不愿意去找余桂兰，就要自己去。

王玉德嘲笑她说："你一双小脚，能走到哪里去？恐怕一天你也到不了余家坳。"

王强的娘被他这么一说，知道自己是出不了远门，于是咬牙切齿地骂道："天打五雷轰的慈禧太后，她娘的个X没干一件好事，叫俺女人都裹脚，这裹了脚女人连路都走不了，还能干啥哩。"也不知道她是听谁说的，她以为叫女人裹脚的是慈禧太后。

王强不愿意去，自己又去不了，王强的娘心里像猫抓地似的，于是她又想到托人去余家坳提亲，可是她找的几个人都不认识余桂兰以及余桂兰的家人。这时有人给她出主意说："你去问问咱村的'无不知'，她没有不知道的事，也许她能帮到你的。"

王强的娘恍然大悟地说："俺怎么把这个熊女人给忘了。俺天天给王钢养伤，大门不出，二门不迈，什么事都想不起来了。这'无不知'没有不知道的，也没有她不认识的，她去给说说应该没问题吧。"

"无不知"原是吴庄集的闺女，后来嫁到王山窝，成了王山窝的媳妇。她自认为自己是大集镇的人，见的世面多，比谁都强。每当有人议论什么，她见了就要走上前去，也不听听别人在说些什么，也不管自己真的知道或者不知道，她就立刻插嘴说："这事俺知道……"因为她姓吴，时间长了，村里人就给她起了个外号，叫"无不知"。

"无不知"和王强娘的年龄相仿，彼此也很熟悉。王强的娘知道"无不知"爱占小便宜，找她办事不能空口说白话。这几天那只懒惰的母鸡下了一个蛋，王强的娘本打算给王钢补补身子，下面疙瘩时，卧一个荷包蛋。可现在要托"无不知"办事，也只能委屈一下王钢了。

在那个物质匮乏的年代，人们的日子都过得紧紧巴巴，而"无不知"的生活条件好像要比其他人好多了，她穿的衣服竟然是细布做成的，她那一张中等偏下、也不再中年的脸，竟然擦着淡淡的粉。

当王钢的娘把那个鸡蛋放在"无不知"堂屋的桌子上时，"无不知"假惺惺的客气道："大妹子，咱姊妹俩你见外了不是，你有什么事，只管说，俺能做到的，一定帮你。"她说完，拿起鸡蛋要塞给王强的娘。

王强的娘连忙退了一步说："他婶子，别碰烂了，你就放那吧，俺还真得问你个事。"

"无不知"信心百倍地说："你说吧，俺肯定知道。"她把鸡蛋放回到桌子上。

"余家坳的余桂兰你认识吗？"王强的娘有点迫不及待了。

"认识。""无不知"一点哽也没打就答到。

看她答得那么利索，王强的娘就有点怀疑，于是她就多问了一句："你说你认识她，你说说看她长得啥样？"

"无不知"同样很利索地答道："瓜子脸，小眼睛，长得不高，黑屏的，对吧？"

王强的娘"呵呵"地笑了起来，她指着"无不知"的鼻子说：

"俺说你'无不知',真会瞎扯。"

"无不知"一点也不觉得不好意思,她仍然很利索地回答:"现在可能不认识,明天就熟悉了。"

王强的娘已经顾不得她说的可能实现,就死马当作活马医的要向余家提亲的事说了一遍。

"无不知"两手一拍,满不在乎地说:"就这点事,你听俺的信吧。"

不得不佩服一些女人传播和接收信息的能量,真是令人不可想象。但是她们在辨别信息的真伪上,却是一点能量也没有,或许她们根本就不去辨别,她们只会生产和加工信息,当她们听到的信息是泡沫时,再经过她们的嘴,就变成了云朵。

第二天,"无不知"还真把余桂兰的"情况"告诉了王强的娘,在王强的娘听来,无疑是兜头浇了一盆冷水。

三十三、捕风捉影

"咱们真是井底的蛤蟆,什么都不知道啊。""无不知"没有缠足,她的一双大脚走得风风火火,一进门,见了王强的娘,第一句话就是这样说的。

王强的娘被她这么一说，心里一激灵：天下还有你'无不知'不知道的事吗？她放下手中的针线活，很认真的听"无不知"讲余桂兰的"故事"。

"无不知"所讲的，和余家坳女村长的男人，批斗余桂兰的话差不多，因为她就是听吴庄集参加批斗会的人说的，只是又加上了自己的想象："啧啧，这余桂兰天生就是个骚狐狸精，就是个妲己，比妲己还骚呢！妲己就勾引纣王一个人，而余桂兰是男人就勾引。她们村里有正在说亲的小伙子，她也去勾引人家，结果那人被她搞得神魂颠倒，认为余桂兰要和他搞对象，就和他原来的对象散了。实际上余桂兰只是想玩玩他，并不想和他真好下去。你说她多坏，把人家的亲事搞黄了，她还给没事一样。"

"这还不算什么。""无不知"喝了一口水，又继续说道："她还勾引她们村长的男人，你说说村长的男人多大了，孩子都十几岁了，她就喜欢和有家有室的人勾搭。这村长的男人也不是个好东西，风流成性，两人就勾搭成奸了。那事不知干了多少回，搞大肚子了，村长的男人怕村长知道，就带着她到吴庄集卫生院去打胎，据他们村上的人讲，光为村长的男人打胎就打了五、六次……"

王强的娘听得口瞪目呆，将信将疑：看余桂兰的样子不像是她说的那种人，她根本也看不出来她是那么放荡的女人。

看到王强的娘表示怀疑的样子,"无不知"信心十足地接着说:"俺说的话你可能不相信,但你可以去撕撕纺纺,俺讲的话,绝没有半句瞎话,你只管放心好了。"

王强的娘看到她说的那么绝对,自己也不知道其他人是怎么讲的,就应着道:"俺怎么不相信你哩,俺信。你接着说吧。"

于是"无不知"又开始了她的演讲:"有一次,这余桂兰和村长的男人鬼混,你猜是在什么地方?"

王强的娘那有心事去想这个,就说:"俺不知道。"

"无不知"不放过她:"你猜猜看嘛,又不费什么劲。"

王强的娘只好说了声:"是在村长的家里。"

"无不知"两眼笑得眯成了一条缝:"借他俩十个胆子,他们也不敢在村长家里干那事。这村长的男人在外面野得像个老虎,但是在村长的面前,就是个拉了稀的病猫,在他家里干,他不是找死吗?"

"那就在余、余、余桂兰的家里?"王强的娘真得不想再猜下去了,她多么希望"无不知"现在讲得不是余桂兰,而是其他人,可是"无不知"说得活灵活现,一点也不像是假的,她的心里期望在一点点的破碎。

"算啦，猜到天黑你也猜不出来。告诉你吧，是在茅厕里。你看看她俩个贱人能淫荡到什么样子，那屎天骚地的地方也成了他俩的洞房花烛夜了……"

王强的娘摆摆手，想制止"无不知"再自我陶醉地讲下去。可是"无不知"还是自顾自地往下说："……她们庄上有个瘫痪多年的老男人，她也不放过人家，经常往人家里跑，说他生活不便，需要人照顾。你说那老男人对送上门来的嫩草能不吃吗？听说她还被那老男人也搞得怀孕流产了呢……"

王强的娘听得万念俱焚，满怀的希望化成了泡影。她喃喃地念道："那这门亲事就不用说了？"

"无不知"坚决地回答道："这样的女人谁要？倒找钱也不能要。你没有听说过吗？这女人啊要是跟了四个以上的男人，或者流了三次以上的产，就不能生小孩了。这余桂兰不知道跟了多少个男人，也不知道流了多少次产，肯定是不能生小孩了。王强要她有什么用？不会给你们王家传宗接代，只会给王强带绿帽子，她可是个扫把星，到谁家谁倒霉。"

王强的娘感到自己如坠深渊，觉得连根救命的稻草也没有了，她目光呆滞的望着"无不知"，精神恍惚。

"无不知"看到她那样，就安慰她道："其实谁不想吃大鲤鱼（成亲后，给媒人的谢礼）呢？俺也想撮合这门亲事，可俺也实在是为你着想，这亲还是不结为好。王强长得那么英俊，以后一定会找到比她好的媳妇的。你放心吧，这事包在俺身上了，保证给你说个好儿媳的。"

"无不知"走了，王强的娘木纳地连句"谢"的话也没有说出来，就伏在案上泣不成声，不知道是为自己，还是为王强，还是为余桂兰，也许都有吧。

三十四、挑衅

又是一个风调雨顺的好年景，秋庄稼像是个吃饱喝足的壮汉，枝叶挺拔而又硕果累累，玉米棒子好像从来也没有像今年这样，长得又粗又长，这是一个丰收的季节啊。王强一家除王强的娘在家生火做饭外，王强他们几个都下地干活了。王玉德和王强在前面用镢头砍玉米秸，王钢和王娟在后面掰玉米棒。

本来王玉德是不想叫王钢出来干活的，因为王钢的眼伤还没有完全好利索，强烈的太阳光不但会对没有痊愈的伤口有影响，也会对另一个健康的眼睛造成伤害。可是王钢不愿意，他说要趁着天晴，把玉米收回家，晾干晒好，这样才能放心，因此多一个人就能快一点把玉米收好。王玉德拗不过他，就嘱咐他说："能干多少就干多少，感觉不好受就回家。"

王钢和王娟把掰好的玉米堆成一堆，然后放在筐里，由王强或者王玉德挑回家去。

懒散的朱贵也带着小芹的两个弟弟来收玉米了。朱贵在前面用镢头砍，两个儿子则在后面掰玉米棒。朱贵家的玉米长得稀稀落落，没有王强家的稠密，所以朱贵砍起玉米秸来，既省力速度也快。快到晌午的时候，朱贵就撵上王玉德和王强他们。

王玉德不咸不淡的和朱贵打了声招呼，就闷不吭声地各人干各人的活。而这时王钢看到小芹的大弟弟朱朝阳，就气血攻心。他认为那天晚上砸瞎他眼睛的就是朱朝阳，只是他不敢承认，自己又没有证据而已。即使退一步讲，就是不是他砸的，也是他先挑起的事端，如果不是他说哥哥是叛徒，是坏分子，也就不会有那场架可打，他也不会瞎一只眼睛，所以他不能就这样便宜了朱朝阳。他想要找朱朝阳出出气，他知道他和朱朝阳两人单打独斗，朱朝阳不是他的对手，他一定会把朱朝阳打得屁滚尿流的。就是他爹朱贵和他弟弟帮他，哥哥王强和父亲王玉德也不会不闻不问的，真打起来，他们同样也不是哥哥和父亲的对手。想到这，王钢就向个农村泼妇一样，骂起空来："龟孙揍的，砸瞎俺的眼，还不敢承认，娘的个 X，你不得好死……"

朱朝阳长得和朱贵一样，身单力薄，个头虽然和王钢差不多高，但不像王钢那么强壮。他知道王钢瞎了一只眼，吃了大亏，现在故意要找茬，想报复自己，可是他打不过王钢，还不能和他还嘴，于是就装作什么都没有听见，继续掰他的玉米。

王钢骂空，王强和王玉德也听到了。他俩知道王钢冤枉，想借此出出气，只要朱朝阳不接腔，两人打不起来，也就没有什么事。他俩想得，实际上也和王钢想得一样，两家吵起来，或者就是打起来，朱家占不到王家的便宜，因此王钢要骂就让他骂去吧。

可是没有多长时间，情况就发生了变化，因为天成来了。天成来到地里，对朱贵说："爹，你歇歇，俺来砍。"

天成的到来，像是给朱朝阳打了鸡血，顿时来了精神。他看了王钢一眼，很蔑视地说："谁砸了你，你去找谁去，瞎骂胡嚼有什么用，人家又听不见。"朱朝阳这话说得进退有据，一是表明自己不是砸瞎你王钢眼睛的人，你如果骂的是俺，那就是你的错；二是表明你王钢想找俺朱朝阳的茬，俺也不怕你。

精明的王玉德见朱朝阳突然有了精神，知道是因为天成的突然到来。如果这时两家再闹起来，天成肯定是要帮着朱家的。天成心眼不全乎，容易对付，可他有一身蛮力，和他打架占不到上风，更何况他身后的村长是他王玉德不敢招惹的人。自古道："穷不和富斗，民不和官斗。"王家在这个时候就不能再占朱家的什么便宜了。想到这些，王玉德连忙呵斥住王钢："不好好干活，胡诌些什么。"然后又对王强说："你不用砍了，你把掰好的玉米挑回家去，把王钢和王娟也领回去。"为防意外，他要把王钢支走。

王强很快就理解了父亲的意思，于是就放下手中的镢头，招呼王钢和王娟往筐里拾玉米棒子。王钢心有不甘，还想趁朱朝阳搭腔了的机会，和他好好理论一下，王强却把他从靠近朱朝阳的地方，拉到了离朱朝阳较远的玉米堆傍。无奈，王钢只有愤愤地拿起玉米棒子朝筐里砸去，好像那筐子就是朱朝阳。

两个筐子都装满后，王强叫王娟去把刚才自己用过的镢头拿来，交给王钢抗着，自己则挑起筐子在前面走，王钢和王娟在后面跟着。王钢的目的没有达到，因此走得垂头丧气。

王玉德看王钢他们走远，一颗悬着的心放了下来。他满脸堆笑地对天成说："你真是个好女婿啊，来帮忙了。"

天成接过朱贵手中的镢头，无所谓地说："俺家有俺两个姐夫帮着砍，俺爹就叫俺到这儿来了。"他看看王强家的玉米，又看看朱贵家的，然后对王玉德说："你家玉米长得好哩，今年打得多哩。"

王玉德忙接着说："都一样的，都一样的。"

说话间，朱朝阳在那边骂起空来："娘的个 X，还想赖俺，瞎了你的狗眼。"

这次轮着王玉德装着没听见了。

王强到家后，王强的娘已经把饭快做好了。王娟进锅屋去收拾碗筷，准备吃饭。王强的娘则叫王钢回去，去把王玉德喊来一起吃饭。王强一听，就说："钢钢你在家吧，俺去喊去。"说完就出了大门，往玉米地走去。

在回来的路上，王强碰到了晓晓。

三十五、晓晓和小芹

晓晓上身穿着蓝色格子褂子，裤子也是蓝色的，一副地地道道的乡间村妇的打扮。虽然才是三十岁的人，但脸上的青春光彩早已退去，常年的劳作和风吹日晒，原先细嫩而又白皙的皮肤，已变得粗糙和棕黑，皱纹也早早的爬上了额头和眼角。如果不是留着一头的短发，谁都不会相信，她曾经是城里人家识文断字的书香闺秀。现在的晓晓正像个男人一样，挑着满满一担玉米，向家里走去。她见到大步赶来的王强，于是她放下担子，一方面是歇息一下，另一方面好让王强从这乡间的小路上走过。

这是王强回来后，单独见到晓晓。他知道自己家里人为了自己的亲事，曾托人向她求过亲，并且被她拒绝了。因此王强感到有些不好意思，他红了一下脸，轻声地打了声招呼："掰玉米哩？"

晓晓喘着粗气，脸上笑着，点了点头。

王强见她气嘘喘喘，不由得想起小时候他见到过的，那个令全村女人既羡慕又妒恨的温文尔雅的晓晓。真是时过境迁，现在的晓晓和他少年时的记忆，简直就是判若两人。他不由地说道："俺帮你挑回去吧。"

王强觉得自己这是句客套话，说说而已。不料晓晓想了想，却大大方方地应了下来："那谢谢你啦。"

王强不得不从晓晓手里接过扁担，帮她把那担玉米挑回去。

也没挑多远，就到了晓晓的家，也就是原先的老村部。王强放下担子，然后将筐里的玉米倒在地上摊开，好让太阳曝晒。

晓晓跟上来，继续笑容满面地对王强说："谢谢你呀，中午别走了，在这儿一起吃饭吧，我去做饭。"说着，掏出钥匙开开了堂屋的门。

地主王宝山没有在家，显然是在地里砍玉米。王强说："别那么客气，俺得回去，俺还有其它事。"说完就匆匆忙忙地离开了晓晓家。

王强没有从原路返回，而是从现在的村部门前经过，因为这样离自己家的玉米地要近一些。村部的大门虚掩着，当他从门前走过的时候，他听到了一个很熟悉的声音从里面飘了出来："俺白天叫你压，晚上叫你儿压，俺可真倒霉。"这是小芹的声音。

随后另一个熟悉的声音也飘了出来："俺、俺家就两个男人，都叫你给睡了，你是个女、女皇帝哩，你占大便宜了。"这是村长断断续续的声音。

王强怎么都不会想到，小芹会和自己的公爹睡在一起，她竟会堕落到这种地步，天成对她那么好，她怎么面对他？还有村长，平时看着他虽然不是个正人君子，经常好和女人动手动脚，甚至鬼混乱搞，但怎么也想象不到他连自己的儿媳也不放过，偷人偷到自己家来。他们这样天成知道不知道呢？

正想着，王强听到里面有悉悉嗦嗦穿衣服的声音，然后就听到小芹说："俺先回去，别让人看到哩。"

村长粗声粗气的应着："哪里有人，都忙着哩。"

接着王强就听到有脚步向门口走来的声音，他赶紧躲向村部门前的那棵大梧桐树下，刚在树身后藏好，"吱呀"一声门响，倒把王强吓了一跳，只见小芹从门里面走出来，一边整理着衣服，一边慌里慌张、急急忙忙地离去了，根本就没注意到躲在树后的王强。

见小芹消失在村屋之后，王强也赶紧蹑手蹑脚、悄无声息地离开了那棵梧桐树。在回玉米地的路上，王强在为自己的行为感到可笑：别人偷人，自己怎么倒像个贼似的。

王强回到玉米地，从王玉德手里接过镢头，叫他回去吃饭。王强脑子里还留着刚才小芹和村长在一起的情景，就说自己不饿，再干一会儿。

王玉德嘱咐了他几句，就自个儿走了。

王强见天成已经把那块地里的玉米砍了近一半，他不由的佩服天成真是一个干庄稼活的好手，既熟练又不惜力。他想到了余桂兰，不知道她现在怎么样了，她家种的玉米今年收成也好吗？她能忙过来吗？需要不需要别人帮忙呢？余年旺要是活着，是不是也会和自己一样，正在砍玉米秸呢？他又想到了张志，他现在干什么呢？是不是也在干农活呢？也说不定他现在是活着还死了呢？看到张志年迈的父母也在田里忙碌着，王强想尽快把自己地里的活忙完，去帮一下张志家。

朱贵见天成给他家干活那么卖力，就不知什么时候，不声不响地溜回家去了。天成自个儿在埋头苦干，虽然他对朱贵和小芹的娘不满意，没有给他一个完整的媳妇，可是由于他太爱小芹，所以还是把小芹家的事，当成自己家的，毫无怨言地尽着一个做女婿的职责。

小芹的两个弟弟，见有天成帮他们干活，也不再掏力的去掰玉米，而是在地里捉起了蚂蚱。朱朝阳用扒根草把捉到的蚂蚱串成一串，说是回家后用火烧着吃。

天成由着他们，并不责怪，自己只是闷头干活。他如愿以偿娶了小芹，虽然小芹已经不是黄花大闺女，他仍然心满意足。小芹没有告诉他以前和她睡觉的男人是谁，不告诉就不告诉吧，他也不想弄清楚那人是谁，他认为只要她以后不再和那个人睡了就行。他的想法和小芹的娘想法是一样的，认为小芹结婚了，并且还是你村长的儿媳妇，你怎不能再去奸污小芹吧？

小芹的娘和天成都想错了。在儿子结婚的那段日子里，村长收敛了自己的欲念。可是一段时间以后，他在小芹那里得到的享受，使他愈发的想往。他也不是没作过思想斗争，有一个声音在对他说：

你这个畜生，她是你儿媳妇，你不能再和她睡觉，这是乱伦。可是这个声音是短暂的、微弱的，另一个更长久、响亮的声音在他耳边响起：这不算什么，以前的皇帝还将儿媳妇直接变为自己的媳妇哩，他身为天子都可以这样做，你算个啥？就是一个草民，睡了也就睡了，不睡白不睡，何况你早已把她给睡过了，她最先还是你的女人哩。在此欲念的驱使下，在一次他和小芹单独在家的时候，他搂住了小芹。

小芹像第一次和村长干那事一样，想推开他的搂抱，并有些不高兴地说："你个老骚货，你真不要脸，俺都是你儿媳妇了，你怎么还想那事哩。"

村长并没有松开她，反而更加用力的将她抱紧，一边亲着她，一边装着无所谓地样子说："这有啥？很正常。你看王宝山和晓晓，也是老公公和儿媳妇，他俩都睡那么长时间了，谁管得着？咱俩怎么就不能这样哩？"

小芹没有了反抗，只是想了想说："晓晓没有男人，老地主没有女人，他俩睡觉，也没有什么。咱们和他俩是不一样的，你还有女人，俺也有男人，怎么能还再睡哩？"

村长见小芹不再乱动，于是就将手伸进她的衣服里，边揉搓边说："你最先就是俺的女人，是俺让给那小子的，咱们怎么就不能再睡了哩？"

小芹还是有些担心地说:"要是天成知道了,看不打断你的腿?"

村长已开始动手解小芹的衣服,边解边说:"打断就打断,不能X你,俺要腿有啥用?"

小芹笑了,她用手在村长的鼻子上捏了一下,嗔怒道:"你真不要鼻梁子,天成都没这样说过俺。"

……

砍玉米那天,村长的俩个女婿也来帮忙砍,天成的两个妹妹将玉米棒把在砍倒的玉米秸上掰下来,然后由天成挑回家,村长的媳妇和小芹把天成挑回的玉米棒摊开晾晒。

村长看着小芹丰腴的身子,不由得又蠢蠢欲动,他想把天成支配走,就对天成说:"咱家的玉米先不用挑了,你先到你老丈人家去砍玉米秸吧,他一个人肯定忙得够呛。"

天成应了声,就放下挑子走了。小芹听了很感激地看了村长一眼,村长趁天成的娘不注意,悄声地对小芹说:"一会儿到村部去。"说完自己哼着小曲先走了。

一会儿,小芹也找了个借口,对天成的娘说出去会儿,就去和村长幽会去了。她俩满以为做得神不知鬼不觉,不曾想让王强给知道了。

在第二年的秋天，小芹生了一个女孩，大家都说这女孩长得像天成。天成听后很是高兴，这说明小芹不再和其他野男人来往了，她是好好和自己过日子的。但是好景不长，随着这个女孩的渐渐长大，特别是到了她三岁的时候，人们发现她不但长得像她的父亲，更像她的几个姑姑和爷爷，天成也听到了一些他老爹扒灰不扒灰的风言风语，他心中渐渐地结起了一个不小的疙瘩。

三十六、赶美和超英

这一年，吴庄区变成了吴庄人民公社，王山窝村变成了王山窝大队，王村长也变成了王支书。小芹没有当成大队的会计，因为谁当大队会计，不是支书能说了算的。但王支书还算没有哄骗她，他让小芹当上了所在的小队会计。

这一年，也是"赶美超英"的一年。开始王强不知道"赶美超英"是个什么意思，别人告诉他"赶美超英"就是咱们要赶上美国，超过英国。王强一听，心里很高兴：咱们要向美国看齐了，美国不会是美帝国主义了，不是咱们的仇敌了，而是学习的榜样，那么自己的罪行是不是就能减轻了呢？是不是就能和其他公社社员一样了呢？可是他发现，美帝国主义仍然是美帝国主义，仍然是咱们的头号敌人。他的处境仍然没有丝毫的改变，他仍然是个坏分子，仍然是个"只许他老老实实，不许他乱说乱动"的受看管的人。

这天将近晌午，下地干活的人们陆陆续续地回来了，支书拿着一个用铁皮做成的喇叭筒，走到几户人家门口就停下来，然后举起喇叭筒，放到嘴边，大声地喊了起来："你们这几户听好了，别歇息得太长了，抓紧时间到大队食堂去吃饭，俺要传达重要会议精神。"他每到几户人家就喊上一遍。这样重复了几次，其间有个好奇的妇人，站在自家门口，就问他是什么事哩。

支书看这个女人还能看得上眼，于是就笑呵呵地说："是好事，是天大的好事啊。"

那妇人一脸的惊喜，就又连忙地问他："是什么样的好事哩？"

支书上前几步，用没有提喇叭筒的那只手，扶摸着她的胳膊，故作神秘地说："你一会儿到俺屋里去，俺先给你透露透露。"边说边在她胳膊上上下滑动着。

那妇人马上知道了支书是在占她便宜，脸上笑得更灿烂了，胳膊却往后一抽，摆脱了他的抚弄，然后又往前一伸，使劲推了他一把，笑嘻嘻地说："你还是给你嫂子透露透露吧，你哥现在还在地里呢，没人知道的。"

支书没想到被她推了个趔趄，差点摔倒，他故作恼怒地说："熊娘们使那么大的劲，看俺哪天非上了你不可。"

那妇人转过身去，装出一副要寻找棍子来捂他的样子，嘴里还不停地嚷嚷着："你个扒灰的骚货，看俺不打死你。"支书这时也装出一副将要挨打的样子，连忙地跑开了。

在大队食堂，支书叫炊事员把仅有的一头老母猪给宰了，做起了猪肉炖粉条。虽然这菜是用母猪肉做的，吃起来呲牙咧嘴，十分费劲；大馍是用棒子面做的，又硬又粗糙，咽下去直拉嗓子眼，但大家还是吃得津津有味，都感到很幸福，觉得共产主义社会，也不过如此。

吃饭间，支书一个劲得问大家："好吃不好吃？香不香？"

吃得满嘴流油、打着饱嗝的朱贵笑嘻嘻地说："好长时间都没有沾肉星了，今天可着肚皮的大块吃肉、大块吃馍，还能不香？还能不好吃？"

"要吃水不忘挖井人哩。"支书语重心长地既是对朱贵说的，又像是对大家伙说的。

朱贵又连忙表决心似的说："那是、那是，俺一定记着旧社会的苦，新社会的甜。"

支书见村民们都吃完饭了，就叫他们安静下来，他说："大家都吃饱喝足了，俺要说一下县上和区里召开的大会精神。咱们今年要赶美超英，要赶美超英哩，就要大炼钢铁，这个钢铁炼上去了哩，咱们就赶上了美国，就超过了英国，就把他们撇在了后面。为了要把钢铁炼上去，咱们要把家里多余的铁锅、铁碗等铁家伙缴上来，砸碎了，放在一起炼……"

这时"无不知"大声地嚷嚷道："只有你支书家才有铁饭碗哩。"

于是大家一阵哄笑。

支书心情不错，也跟着"呵呵"地笑了起来："俺家还真有个铁饭碗，你眼红了是不？眼红你也是白眼红，那可是千金难买哩。"和"无不知"逗了一回儿嘴，支书又言归正传了："不但无用的铁锅、铁碗要拿出来，就是现在能用上的铁锹、抓钩子、犁耕耙拉也要拿出来炼了……"

这时又有人疑问了："这些都拿出来炼了，那地里的活还怎么干？"

支书不屑一顾地回答道："你真是个死脑筋，脑子不转弯。你想想，等咱们把钢铁炼上去了，那些铁锹、抓钩子、犁耕耙拉就会要多少就有多少，咱们也就赶上了美国、超过了英国，到时候咱们就是点灯不用油、耕地不用牛了，楼上楼下、电灯电话了，你就擎享福了。"

经支书这么一说，大家都异常兴奋，纷纷议论起来："那就是进入共产主义社会了。"

"这好日子还在后头哩。"

"咱这辈子是没白活啊。"

"敌人是一天天烂下去,咱们真是一天天好起来。"

"……"

支书慷慨激扬地对大家说:"看来同志们都听懂了,也都知道咱们这日子有奔头了。回去后就要把铁家伙都送到大队部。从现在开始,谁家也不许乱丢铁东西了,那可是宝贝疙瘩,就是一个小钢蛋子,都不许乱丢乱扔,每个人都要为大炼钢铁添砖加瓦。"

社员们的劲被他鼓了起来,大伙儿群情激昂,热血沸腾:"那是的,谁要是不把带铁的东西贡献出来,谁的良心就是叫狗给吃啦,他就不配做新社会的人。"

支书挥了挥手,说:"大家都回去准备去吧。"然后把目光扫向王强和晓晓,对他俩道:"王强和晓晓留下来。"

王强和晓晓相互对视了一眼,又都迷惑地望着支书,不知道他把他们留下来想干什么。

支书见其他社员都走完了,这才对他俩说:"晓晓你是咱们队里最有学问的人,你说说这钢铁该怎么炼呢?"

原来是这事,晓晓松了一口气。她极认真地说:"支书你抬举我了，我哪是什么有学问的人，我也没炼过钢铁，也没有见谁炼过，所以也就不知道这钢铁是怎样炼成的。"

王强也觉得自己和晓晓被留了下来谈话，是难得一次支书对自己的信任，于是不等支书发问，就接着晓晓的话，很诚恳地对支书说："咱们都是庄稼人，要是种地嘛还行，叫咱们炼铁，俺也真不知道该怎么去炼。"

听她俩那么一说，支书很是失望。

晓晓见此情景，想了想又说："炼铁得有铁矿石，咱们这里没有。不过用铁也能炼成铁，关键还是要有炼铁炉。"

支书胸有成竹的说："这个不成问题，俺有全公社、不，全县、全地区最大的炼铁炉。"

王强从小在王山窝长大，知道王山窝的人只会耕田种地，有点能耐的，也就会编个筐打个篓，连个皮匠也没有，更不用说有个炉火纯青的铁匠铺了，人老几辈子也不知道打铁的锤头是怎么使的，铁制的农具用坏了，也得拿到吴庄集去修，从来也没听说过谁会炼铁。同时他对王山窝的一山一水、一草一木都是很熟悉的，家家户户有什么物件，他也知道一些，也不知道哪儿有什么炼铁炉，而且还是全地区最大的。

晓晓听支书那么说，也感到莫名其妙：这庄上哪里有炼铁炉啊。

支书并不在意他俩的疑惑，也没有对他俩人点明那炼铁炉在哪里。他反而满脸疑惑地对王强说："王强啊，你可是咱们队最见过世面的人啊。"

王强更疑惑了，他睁大了两眼，不解地对支书说："俺哪是什么见过世面的人哩。"

支书摆摆手，又变成肯定地说："咱们队里谁出过远门？俺只到过县城。"他又对晓晓说："晓晓，你到过省城吗？到过京城吗？"

晓晓回答道："我只到过地区，没去过省城，更没到过京城。"

王强说："俺连地区也没去过哩。"

支书说："你是没去过省里、京城，可你是出过国的人，见得世面大啦。只有你见过美国人，美国人是不是'红眼绿鼻子，四个毛蹄子'？"他把自己的疑惑提了出来。

晓晓一听，忍不住笑出声来，她对支书说："这是吓唬小孩子的儿歌，说得是魔鬼，不是美国人。"

王强看着支书一本正经地样子，也笑了。他告诉支书："美国人是蓝眼睛，大鼻子，也长着两条腿，腿上的毛是比咱中国人的多。"

"那英国人呢？"支书又问。

王强答道："俺没见过英国人。"

晓晓说:"英国人和美国人是一样的,也是蓝眼睛大鼻子。"

"两个国家怎么会有一样的人哩?"支书又有了疑问。

王强也不知道。晓晓知道,但她没有告诉他俩。她觉得这不是一时半时能说清楚的,就是她说出来,他俩也未必相信。

"蓝眼睛,大鼻子,就这也够吓人的,那就是妖怪。妖怪是来无影去无踪,咱们要赶上它,还要超过它,那可要费大劲啊。"支书像是对他俩说,但更像是自言自语。

三十七、砸锅

王玉德回家后,摸摸铁锨,又瞅瞅锄头,捂了一下抓钩子,又用手指头试了一下镰刀的锋刃,哪一件也舍不得拿去给炼了。

王强的娘嘟囔道:"真是败家子,好好的非得毁了,再回炉,真是的。"

王娟也气哼哼地骂道:"美帝国主义真该千刀万剐,先是侵略朝鲜,后又霸占台湾。现在又使坏,叫咱砸锅卖铁,真是头上长疮、脚下流脓,坏透了。"

王玉德忙向大门口望了一眼，皱皱眉说："小声点，这要是叫支书听到了，还不得批斗你哩。"

王娟不服气地答道："凭什么批斗俺，书上是这么写的，老师是这样教的，俺怎么就不能说哩？"

王玉德哭笑了一下，说："你说得，你说得，俺没有说你，俺说得是你娘。"

王钢在一旁纠正王娟的话："那不叫砸锅卖铁，叫砸锅炼铁。砸锅卖铁还能落两个钱哩，砸锅炼铁是一个钱也没有。"

王强已经把锅从锅屋里的灶台上，拿到了院子里，他将这口一家人不知道被它养育了多少年的物件，倒扣在地上，实在是不忍心砸碎它。

王强的娘眼睛一红，不想看到曾经和它朝夕相处、毫无怨言地为王家服务一辈子的大铁锅，好好的就落得个粉身碎骨的下场，就躲进了堂屋，"砰"地一声，就将堂屋门给闭上了。

王强和王玉德面面相觑。沉默片刻，王玉德朝王强摆摆手，示意他赶快砸了。

王强拿起镢头，犹豫了一下，而后眼睛一闭，抡起来就向锅底砸去，"噗"的一声，做饭用的家伙就四分五裂、变成大小不一、形状各异的废铁片了。

社员们陆陆续续地把用不上的铁锅、铁勺子、铁铲子、铁锨头、抓钩子头等等铁物件送到大队部，也就是过去的村部。

朱贵没有把吃饭的锅砸碎，而是直接端着铁锅，一步三摇地送了过来。他的锅里放着锅铲子、大菜刀以及老婆使用的小剪刀等，一路"咣咣当当"响个不停。他的身后跟着朱朝阳和他弟弟，他俩也没有把铁锨、铁锹等农具的木把卸下来，而是直接放肩上给扛了过来。朱贵见了支书笑容满面地说："俺可是把墙上的洋钉都拔了下来，支持大炼钢铁哩，俺家现在真的是手无寸铁了。"

支书"哈哈"地笑了起来，他对朱贵说："咱们队能都像你一样就好啦，炼的钢铁肯定比其他队要多。"

朱贵受到支书的表扬，嘴咧得就更大了："俺为队里出力，是应该的。"

地主王宝山也把自家的铁锅碎片、铁锨头等铁器送来了，他也对支书说："俺家的铁物件就这些，也都拿来了。"

支书看了看，有些不满意："你家就这么点？"

王宝山看看自己拿来的东西是比别人的少，就连忙解释道："俺家人口少，锅小、农具也不多。不过俺一点铁的物件也没留，全都拿来了。"

支书看了一眼不远处的王宝山的家，说："你家还有一个铁东西没有拿来。"

王宝山顺着支书的目光，也往自己的家瞄了一眼，然后想了想说："没剩下什么了，俺都拿来啦。就是晓晓头发上的卡子，俺没问她要，是不是俺回去再叫她送来？"

支书不屑地说："那才能有多点铁？"

王宝山说："那俺真是连个铁沫子也没有了。"

"那你家的门上是什么？"支书在开导他。

王宝山笑了，他说："支书啊，咱们现在用的锁，不都是铜的吗？不是铁的。"

支书见他还没有理解自己的意思，只有直截了当的说了："你家的门鼻子怎么没有卸下来？"

王宝山这才明白支书刚才看的是什么。他有点为难地说："咱们队家家都有院墙，大院门一关，就能防避一下盗贼。全队就俺家没有院子，杂七杂八的小东西就只有放在屋里，如果不锁门，别人不就拿了去啦。"

朱贵在一旁有点不耐烦了，他黑着脸对王宝山说："你真是个死脑筋，这钢铁炼成了，咱们就实现共产主义了，实现共产主义了，大家就都一样了，也就不分你俺了，你的就是俺的，俺的也是你的，那还有什么小偷小摸哩，就是白给俺俺还懒得要哩。你还要那门鼻子有啥用？"

支书点点头，赞许道："朱贵说得在理啊。"

王宝山不能再争辩下去，只好悻悻地说："那俺回去就把门鼻子卸了送来。"

见王宝山离去，朱贵讨好地对支书说："老地主就是自私自利，连个门鼻子都不舍得，也不看看自己是啥身份。您对他说话太客气了，要是俺，早就熊得他帽戴不住了。"

支书心里话：要不是看在小芹的份上，你家的门鼻子也留不住。他没有再理会朱贵，而是叫大队会计把每家送来的铁器都记录下来，登记造册。并叫民兵排长派两个民兵好好看管这些宝贝疙瘩，如有丢失或者被谁偷了去，就拿他们是问。

三十八、钢铁就是这样炼成的

王山窝村后的山上，深秋的风已经把本来就稀稀落落的青草吹枯了，竹林里的竹叶也变得有些发黄，原先郁郁葱葱的苍松翠柏，也禁不住被秋风涂抹成了墨绿。

当王强和其他王山窝大队的青壮劳力，用肩膀头把一根根粗壮的圆木，扛到那个小山洞旁时，他这才明白，支书所说全地区最大的炼铁炉，就是这个山洞。

在晓晓和王强都认为王山窝没有炼铁炉的时候，支书在心里瞧不起他俩：一个是最有学问、一个是最见过世面，屁！真是没吃过猪肉，还没有见过猪跑？他认为自己虽然没见过别人是怎么炼铁的，但他见过是怎样烧砖的。

日本鬼子投降后，支书以为天下从此太平了。不安分于日出而作、日落而息、脸朝黄土背朝天的他，跑到县城，在县里的砖瓦厂里干起了临时工。就因为有这样一段经历，他成了王山窝的"半个工人阶级"，解放前夕，他又积极回乡参加土改，因此被任命为王山窝的村长。他知道松软的土砖坯子，推进窑里后，经过大火一烧，就变成硬邦邦的砖头了。他认为碎铜烂铁也和那砖坯子一样，只要经过大火一阵猛烧，就会熔化凝结成一大块铜和铁，只是这烧砖的叫窑，炼铁的叫炉子而已，炉子和窑就是一个物件。

不怕做不到，就怕想不到。王山窝是没有炼铁的炉子，也没有烧砖的窑，如果突击建一个炼铁的炉子，他不知道该怎么建。突击圈一个烧砖的窑，大队没有那个财力和物力。没有炉子和窑，铁还必须炼，他支书活人不能让尿憋死，他相中了村后的那个山洞，就是他曾经和王强一起为躲过日本鬼子的"扫荡"，而藏身于村后的那个山洞。那个洞底有条裂缝的山洞，在他眼里就是一个天然的炼铁炉：洞身就是炉膛，裂缝就是烟囱。他要用这个巨大的"炉子"，炼出他所期望的"铁"来。

众人按照支书的指点，把圆木一层东西、再一层南北的、整齐而又有间隔的码好。最下面的一层是淋上柏油后，架在几块石头上的，和地面有些空隙，便于被下面的柴草点燃。最上面的一层放上铁锹头、锄头、薄铁片子等大些的铁物件，支书用来喊话的铁喇叭筒，也被他扔在了上面。朱贵和其他几户没有砸烂的铁锅派上了用场：一些小的铁器如剪刀、锅铲子、门鼻子、洋钉等则放在了锅里，好让它们一起熔化成铁块，这几口锅也被放在了最上面的一层。

支书又叫几个年轻人从龙河里捞上来一个竹筏子，说是当这个炼铁炉的炉门盖。引火用的柴草也放到了淋上柏油的圆木下，一切准备妥当。

大队长说："咱们点火的时候是不是要选个黄道吉日？"

支书没有同意："什么黄道吉日，那是封建迷信。实现共产主义的时候，咱们也挑个黄道吉日吗？不能等，咱们要争分夺秒，早日把这钢铁炼成。今个准备好了，今个就生火开炼。"

点火的时候，全队的人扶老携幼、争先恐后，就像赶集一样，聚集在这个他们所期盼的、将要给他们带来幸福日子的、以前是孩子们、也是一些大人们可以随意大、小便的山洞周围，等待着一个令他们无限神往、充满憧憬的开始。

这时的王支书就像一个要对敌人发起总攻击的司令员，他意气风发地而又庄严、神圣地对大队长说："点火。"

只见大队长"噗"地一声，划着了早已拿在手中的洋火（火柴），"嗞"的一声，又点燃了站在他身边年轻人手里攥着的火把。那年轻人将燃烧的火把双手交给了大队长，大队长双手接过火把，然后像个军人似的，两只胳膊直向前伸着，两条腿竟笔直的走起了正步。他来到支书跟前，正重地将火把呈送到了支书手里。

支书一只手拿过火把，表情依然庄严、神圣。他环视了一下他跟前的社员们，然后走到他心仪的"炼铁炉"门前，他的另一只手也握住了火把，双手慢慢地将火把伸向柴草。"噼噼啪啪"柴草很热烈地着了起来，一阵山风刮来，柴火猛地旺盛了，"腾"地一下，淋上柏油的圆木被烧着了，火借风势，风助火威，"轰轰轰轰"，熊熊大火烧起来了，山脊的裂缝处，升腾起一股浓浓的黑烟。

王宝山也随着人们来看钢铁是怎样炼成的。他是地主，他不能像其他社员似的，挤到前面去看个仔细，他远远的站在后面。当他看到山脊上冒出黑烟的时候，"扑通"一声跪倒在地，他嘴里呼天抢地喊道："山神爷呀，饶恕俺们吧，俺给您请罪了。"在他眼里，突然冒黑烟的山体是不祥之兆，它冒犯了山神的仙气，山神将来会怪罪下来的。

但是在支书眼里，他看到的是另外一种情景：那山洞就是他家的祖坟，那冒出来的不是黑烟，而是青烟。他就要飞黄腾达了，因为在公社召开的大炼钢铁动员大会上，拍着胸脯对公社书记表态：他要用最大的炉子，炼出全公社最多的铁。

原来的区委书记，现在的公社书记高兴地说：不管你用多大的炉子，只要你能炼出全公社最多的铁，我就带着全公社的大小干部、基干民兵、社员代表到你那去参观学习。并且还要你当县里的先进模范、地区里的先进模范、省里的先进模范甚至当全国的先进模范。

此时的王支书，已经把自己想象成了一只展翅欲飞的雄鹰，他就要飞出王山窝大队、飞出吴庄公社，他要飞进县城、飞进省城、飞进京城……

三十九、扒灰

一股倒拉风，把本应从山脊裂缝中冒出的烟，反向从山洞口吹了出来，熏得支书从幻想中回到现实中来。他后退了几步，吆喝着王强等几个年轻人，用竹筏子将洞口掩上，好让熊熊的大火在里面慢慢燃烧。"炉"口被封住了，裂缝中又重新喷出了咕咚狼烟。

支书叫民兵们轮流看守"炼铁炉",不准任何人靠近,特别是不准女人们靠近,以防出现意外。他说他听人说过,烧砖的时候,女人是不能进窑洞的,否则的话,烧出的砖不是开裂就是弯曲。由此他联想到,女人也是不能接触"炼铁炉"的,要不然的话,一是炼不成铁,二是炼出的铁也不会成块。

大队长听到他这样的话,心中不由的有些反感:女人进窑洞砖就烧坏了?那女人下地干活,种下去的是玉米,长出来的反不能是芝麻?砖该烧成啥样是啥样,铁能不能炼成,也只有鬼知道,和女人有什么关系?俺说选个黄道吉日,你说是封建迷信。你说的女人不能进窑洞,难道就不是封建迷信了?大队长虽然这样想着,但脸上一点也没有表露出来,相反他还在帮着支书叫社员们都回家去。

一个隆重的炼铁仪式就这么结束了,人们怀揣希望,四下散去,只等着火灭烟尽的时候,开"炉"取铁。

"炉"内的火烧了一天一夜,飘动的火苗没有了,粗壮的园木变成了一大堆灼热的炭火。支书怕火烧的时间短,铁炼不透,又叫人向"炉"里投进了一些碗口粗的竹竿,最后连那只当作"炉"门盖的竹筏子也投了进去,大火重新又"噼噼啪啪"着了半天,直到连死火都熄灭了,支书这才宣布停止烧火,准备出铁。

就像点火开始炼铁的那天一样,人们又都聚集到了这个"炼铁炉"旁,等待着一个激动人心的时刻的到来。

谁也不知道铁炼得怎样，站在洞口仍能感觉到里面热哄哄的，向里面望去，也只能看到一大堆白、灰、黑相互掺杂着的炭灰，那些被炼的铁物件们，已经深深的被埋在了灰堆里。

支书把队里仅剩下的几把铁锹，分发到天成、王强他们几个青壮劳力手里，然后往洞里面瞅了瞅，转过头来说："可以扒灰了。"

支书的话刚说完，附近的几个老娘们突然"哈哈"地笑了起来，其中就有"无不知"。她也不管不问天成是否听得到，就边笑边说："支书还是你自己干吧。"

支书满们子（方言：满脑子）的心事都在出铁上，根本就没有在意自己刚才说了什么，更不知道"无不知"让他干的用意是什么，就对"无不知"说："俺年纪大了，没有那个力量头，干起来也不利索了，还是让年轻人干吧。"

几个老娘们见聪明一世、糊涂一时的支书被"无不知"绕着了，笑得就更厉害了。"无不知"笑得弯着腰，指着支书说："他们年轻人干那不叫扒灰，只有你干才叫扒灰哩。"

好话都怕重复，何况是既刺激又敏感的话呢。支书听出了"无不知"的话意，也理解了那几个老娘们为什么那么放肆的大笑。他知道他和小芹的事，天长日久，世上就没有了不透风的墙，再加上小芹生了一个和他极其相似的闺女，给一些人凭添了丰富联想的依据。可是也有他不知道的，就是他和小芹干那事的时候，曾经被小芹的娘和王强亲眼所见到、亲耳所听到，小芹的娘自然不会向别人说起这些，不会往自己女儿脸上抹黑的。王强虽然和小芹恩断义绝，甚至成了仇家，但沉默寡言的他，也没有向任何人透露一点一滴。即使他对人说起这事，别人也不一定相信，因为他王强是被小芹甩了，他说这些，就是为了报复，就是在背后污蔑小芹，别人怎么会相信呢？

不光他俩知道，天成的娘也已有所察觉。她虽然愚钝，但凭女人的直觉，她感到自己的男人和儿媳妇的关系很不正常，有时猴急的男人和小芹拉拉扯扯，竟并不怎么避讳她。平时小芹对她也不怎么正眼看待，有时也会对她喝来吆去，指使她干这干那。当她和小芹产生矛盾的时候，她男人都是不分青红皂白的站在小芹那一边，倒是天成还帮她说几句公道话。她惧怕男人，受了委屈的她不敢在家里有所表露，但在其他女人面前，她对自己的情绪就不怎么控制了，于是队上就几乎是尽人皆知。

四十、天成被砸

虽然队上的人通过支书婆娘的嘴，知道了她男人和儿媳妇的关系是不正常的，特别是一些长舌妇们更是津津乐道，并且添油加醋，传得沸沸扬扬。但她们也只能是在支书背后嘀咕，也有个别女人和他闹着玩，说他扒灰，那也是只有他一个人在场，还没有一个人敢在他的家人面前说他扒灰，更没有人敢在他和天成都在场的情况下，说他扒灰。他也知道"无不知"是在开玩笑，是在用现在的真扒灰，来讥笑他那个伦理上的"扒灰"。但他脸上还是有点挂不住了，他的那个"扒灰"毕竟不是一件光彩的事。他红着脸，异常恼怒骂道："骚X女人就会满嘴喷粪，破坏大炼钢铁，看俺不扣你的工分。"

"无不知"之所以要和支书开这样的玩笑，是因为她觉得今天是个好日子，就像过节一样，大家心里都高兴，即使玩笑开大了，也不会放心上的。同时她还想显示一下自己的与众不同：你们不敢当着那么多人的面说他扒灰，俺就敢。当然她的"敢"也不是直截了当的"敢"，而是借着支书炼铁的"扒灰"，拐到支书的那个"扒灰"上。见支书破口大骂自己，知道她这个玩笑开重了，她立刻停住了嘴，但脸上仍然是笑嘻嘻的，任凭他怎么责骂自己也不还口。

脸上挂不住的还有天成。他想反驳"无不知"的话，来洗刷自己的耻辱，可是他又想不出强有力的话语来，他总不能说他爹没有扒灰吧？这样说只会更丢人现眼。于是他只有选择逃避，装着没有听到"无不知"的话，或者是听到了也装着不知道她说得是什么意思，或者说她说的意思就是叫他们几个锄洞里的灰，他就拎着铁锹闷声不吭地直往洞里走去。洞里虽然热乎乎的，但并不怎么烤人。他进去后就用铁锹"哗啦、哗啦"往外面锄灰，就在这时，意想不到的事情发生了。

由于大火的烧烤，山洞顶部石头的表面被烧成了石灰，石头的里面则被烧裂、烧酥了。也许是天成在洞里奋力地往外锄灰，搅动了周围空气的快速流动，温度下降，烧裂的石头收缩的原因，几块石头在重力的作用下，突然掉了下来，有一块不巧正砸在天成的头上，只听天成"啊"地一声惨叫，就扑倒在炭灰里。

在洞门口向外锄灰的王强和另外两个青年，听到"哗哗"地掉石头的声音以及天成瘆人的喊叫声，本能的跑出了洞外。王强结结巴巴地对支书说："山洞可、可能塌、塌了。"

支书听后也吓得脸色苍白，心里"扑扑"乱跳，半天才憋出一句话来："天成还在里面哩。"他说完就要往里冲，他要去救天成。

王强拦住他，劝道："你、你先别进去，万、万一再塌了，那可怎么好哩？"他的话刚落，就听"噗哧"一声，又一块石头掉在了炭灰中。

支书知道王强说得话在理，现在还不能再贸然进去了。可是天成在里面，不知情况怎么样，他只能跺着脚，对着洞口，撕心裂肺的喊道："天成啊天成，你快出来呀，你快出来……"

支书多么希望能听到天成的回应，那怕是"唉吆"一声也好，可是没有，洞外的人不知道天成在里面怎么样了。

天成的娘本来离山洞较远，听到人们的嚷嚷声，才知道天成出事了，她掂着小脚发疯似的往前冲，来到洞前，天成的两个妹妹一边哭，一边扶住她，就要和她一起往洞里去，被小芹的娘和"无不知"等人死死地拽住了，她进不了洞，也就和支书一样，哭喊天成的名字，叫他快出来。小芹和小芹的娘以及"无不知"她们几个妇女，被支书一家人所感染，也对着洞口，一边哭一边高喊着："天成、天成……"本来一个喜气洋洋的日子，霎时间变成了哭声涟涟。

天成被砸后，还能不时听到"哗哗哗"和"噗哧、噗哧"掉石头的声音，这样再也没有人敢进去了，怕被掉下来的石头砸着。过了好长一段时期，洞里面不再传出掉石头的声音，同时也能感觉到洞里的温度降得和外面差不多了，在支书的再三央求下，这才有几个胆大的小伙子，蹑手蹑脚地、悄无声息地、时时刻刻地注意头上的动静，把天成从那个山洞——支书眼里的"炼铁炉"，抬了出来。

天成被抬出来的时候，早已停止了心跳。这个在年少的时候，曾经豪气万丈，以为用石头就能砸死日本鬼子的他，自己却惨死在石头之下，而且他的死，都是由他父亲的异想天开和所作所为所造成的。洗去他一身的炭灰，人们发现他的天灵盖被石头砸烂了，脑浆都流了出来。天成的娘看到后，当场就昏了过去，醒来后两眼呆滞，茶饭不思，任谁喊叫也不搭理。

支书被突如其来的变故打懵了，已经没有心思再去过问他的铁炼得怎样，就全权叫大队长去办，他自己则随着抬天成的人和驮着天成娘的人，回家去了。

四十一、报喜

大队长向支书保证，让他放心，他会把山洞里的铁全部出出来的。可是见支书走后，他心里也直打鼓，心想俺可不知道，洞里什么时候会再往下掉石头，如果再出了人命，俺可就不好交待了。他愁眉苦脸，一筹莫展。他看到王强，想着王强拦住支书不让他进洞，这才猛然想起王强在朝鲜打仗的时候，住的就是山洞，他有这方面的经历，也许会有什么好办法。于是就向他打听："你在朝鲜住的山洞掉不掉石头？"

王强回答道："俺住的不叫山洞，虽然也是在山上，那是人工建的，叫坑道，不是天然的，里面有木柱子撑着，石头是掉不下来的。"

大队长说："天然的洞不保险，说塌不知哪一会儿。"

王强点点头，说："就是的。可有的天然的洞说结实也怪结实的，几十年、几百年甚至几千年、几万年也没事。说不结实也不结实，说不定什么时候会就塌了，还是人工建的保险些。"

大队长也赞同王强所说的："是这样的。"而后他把王强拉到一边，悄悄的问他："你看，咱们也不知道它什么时候不再往下掉石头，就这样干等着，驴年马月是个头哩，你有什么好办法能不让它掉哩？"

王强见大队长那么信任自己，就认真的想了起来，想了一会儿，他还真想出来一个办法来。他对大队长说："叫几个人拿着长竹竿向洞顶戳戳，那些松动的、该掉没掉的石头，被竹竿戳着了，就会掉下来。结实的、不该往下掉的，再戳也戳不下来。这样就安全了，也就能尽快进人，把里面的炭灰扒净，炼的铁也能拿出来了。"

大队长听了，一拍大腿，高兴地说："这个办法不错，就这么办。"于是就赶快叫人去取竹竿。

按照王强所说的，果然戳下来几块石头，而后就再也没有石头掉下来了。

新铁出"炉"了。王山窝大队的铁没有炼好：原先的锄头、抓钩子、铁锨头等较厚、较粗的铁器，就连锅里的菜刀、门鼻子等没有熔化掉，只是烧得弯曲变了形。那些薄一点的铁锅、碎铁片子和小的、零星的铁器，被烧化了，但没有凝结在一起，而是成了一小块一小块的铁。

王强和其他社员们都很失望，没有想到会是这么个结果。王强想要是支书看到了，不知道会是怎样，能不能气疯哩？

天成死了，铁也没有炼好，大家心里都很不好受。可是令王强搞不明白的是,大队长看上去,心情很好,很有些心满意足的样子。他张罗着叫人用红布将那几小块铁包好,不顾支书家的哭声阵阵,敲锣打鼓、兴高采烈地到公社报喜去了。

在天成下葬的那天,王强也帮忙去了。他看到小芹并不是多悲伤,但明显要比以前憔悴,眼神也失去了往日的光彩。她瞥了王强一眼,也没有和王强讲话,只是默默地揽了揽怀里的女儿,就又垂下了头。

支书在这个时候,看上去就有点不大正常了。他本是个讲排场的人,不论什么事,他都要大张旗鼓,搞得风风光光才行,但这次他没有张扬。天成的葬礼极简单,既没有搭灵棚、摔老盆,也没有扎花圈、烧纸钱。王强心想支书怎么变得开明了,还是这样好,以前村里死个人,那个折腾,那才真叫封建迷信:又是哭大灵、唱大戏,三叩首九参拜,甚至装大仙、跳大神,活人都被折腾个半死。他不会知道,表情木纳的支书,内心是受到怎样的煎熬。

在掩埋天成回来的路上,王强收到了一封从大连寄来的信。他当时很纳闷,对邮递员说:"俺在大连没有熟人,你是不是送错了。"

邮递员问他:"你们王山窝有几个王强?"

王强说:"就俺自己。"

邮递员把信往他手里一塞,说:"就是你了。"而后骑上洋车子（自行车）走了。

四十二、李海出狱

王强边走边拆开信封，取出信纸，上面歪歪扭扭的字竟写满了三张，大部分的字他都不认识，但开头的几个他还认得："王强你好，我是李海……"原来是李海的来信，这使他想起了那个在归管处，和自己睡连铺的李海。看来李海出狱了，可是他记得李海的家乡不是大连的，怎么会从大连寄过来呢？他囫囵吞枣的看了一遍，也没有弄清楚个大概意思。他想回去后叫王钢或者王娟念给自己听听，这样就知道李海是怎么回事了。

王强由于收到这封信，耽搁了一些时间，路上已经没有了其他人。在路过王宝山家的时候，他看见王宝山和晓晓正在往门上装门鼻子。

王宝山在前几天把门鼻子卸掉炼铁后，一直想再装上一个，可是跑了趟吴庄集也没见有卖的。他听说那个洞里的铁没有炼成，铁锨头烧秃了，抓钩子的齿齿烧弯了，大菜刀烧成了狼牙棒……他想他的门鼻子或许也没有烧化哩，于是他就到那堆烧废了的废铁中去寻找，还真让他找到了，他的门鼻子被烧得变了形，还管用，只是他和晓晓费了好大的劲，才重新给装到了门上。

王强看到晓晓后，突然改变了主意。自从支书把他俩单独留下来，说他俩一个是最有学问的，一个是最见过世面的，他和晓晓就没有了多少生份，也就没有什么尴尬了，两人见面和说话也很自然。他想早一些知道信的内容，就来到晓晓跟前，举着手里的信喊道："晓晓嫂子，你替俺看看这封信吧。"

王玉德和王宝山是本家，堂号一样，辈份也一样。王宝山的儿子要比王强大好几岁，所以王强要称呼晓晓为嫂子。

晓晓也比王强大好几岁，她把他当成小弟弟一样看。这时她打趣地说："是对象寄来的吧？我可不能看。"

王强的脸一下子就红了，说："俺哪有什么对象，这是俺战友寄来的。"严格意义上讲，王强和李海不在同一个部队，也根本就没有在一起战斗过，他们是到了归管处才认识的，不能算是战友。可他们是什么关系呢？王强不知道，他和李海不是老乡，不是同事，更不能说是同学、同案犯，他只能说是战友，反正军人之间，没别的关系，就都是战友。

王宝山看他俩个挺谈得来，心里很高兴，就对晓晓说："你就替他看看吧，你弟弟是多么相信你哩。"然后他又对王强说："大侄子，你坐下，叫你嫂子慢慢给你看。晌午就在这吃饭吧，俺去地里拔个萝卜去。"

王强连忙说:"俺叔你别忙了,看完信俺就回家。"

王宝山说:"不忙、不忙,你们慢慢看吧。"说完就连忙地走了。

晓晓从王强手里接过信,很快就浏览了一遍,看完她"嘻嘻"地笑了起来,说:"你原先的领导跳井死了。"

王强说:"俺原先的什么领导哩?"

于是晓晓就把信的大概意思告诉了王强。

李海足足服满了三年刑期,刑满释放后,他原打算回乡务农,当一名社员。狱警告诉他,要回乡落户,还得要有蹲监狱前的档案,而他以前的档案还在归管处,没有移交到监狱。

李海只好先回到归管处去拿档案,归管处档案室的档案员,找了半天也没有找到他的档案,说应该移交给监狱了。

这下扯皮了,监狱那边说没有移交,可归管处这里怎么也找不到。李海急了,说我去找王主任去,让他给我开个证明就行了。

那位档案员对他讲,已经没有什么王主任了,现在是侯主任,原先的王主任跳井死了。

李海心里一激灵,就又问道可是三年前的王主任?

档案员说还能有几个王主任，这么多年就这一个。

李海被这个消息震着了，他怎么也想象不到那个气势汹汹、不可一世的王主任会跳井自杀？

档案员轻描淡写的告诉他，是因为他被打成了右派，受不了啦。

李海又问就是跳咱处的那口井吗？

档案员白了他一眼，心里想：谁给你个劳改犯咱？说得给不分家的呢。于是嘴里爱搭不理地说，不跳那口井，还能跳哪一个。

李海对档案员说谢谢，我这就找他去。也不顾档案员惊奇的目光，就离开了档案室。

他来到那口淹死余年旺的井跟前，把行李放在旁边，从帆布跨包里掏出在监狱服刑的档案袋，没有火他点不着，就三下五除二的撕个粉碎，扔向井里，并对着井口大声地喊道："余年旺，你睁开眼睛看看吧，狗日的也有今天，他到了你那儿，你可别饶了他啊，咱俩冤啊。"说完对着井口放声大哭起来。

四十三、找到工作

在井口哭了一阵子，李海的心里好受多了。他想我还回什么家乡，哪还有脸见家里人呢，在昌图或者铁岭找个工做，自己也能养活自己。想到这儿，他拿起行李就往归管处的大门走去。出了大门口外，他听到身后有人在训斥什么，那声音听起来有点耳熟，他不由的停下脚步，转脸向归管处的大门口望去，这时他看到了侯有福。只见侯有福很恼怒地发着火，指责门口的警卫人员，不该随便让老百姓到单位里来。

李海不知道侯有福看见自己没有，也不知道他是怎么突然出现的，他说的老百姓是不是指的自己。李海也很想去质问他，当年为什么要诬陷自己。可是他没有，他觉得再去提这事，已经没有任何意义了，况且自己现在的身份，是刚出狱的罪犯，和侯有福计较，只会对自己不利。李海刚变好的心情，被突然出现的侯有福给破坏了，他就像吃了个苍蝇似的，恶心死了。李海本想在当地找个活干，想想侯有福就在附近，不知道什么时候就又见到他了，不够烦心的，心想还是离开的好。

李海的家乡在山东，他想找个离家近的地方干活。于是就向南一路乞讨，来到铁岭。在铁岭游荡了几天，原想在这儿找个活干，挣几个路费再往南去，可是没有要人的地方，有一家要的，表示管吃管住，但没有工钱。李海没答应：这不和蹲监狱一样吗？找不到合适的活干，光要饭也不是个办法，不好要不说，还处处遭人白眼：谁家有多余的饭食给你吃啊，何况你还是个壮小伙子，在哪凭力气不能挣碗饭吃？想想别人说得也是，李海自己也不好意思，就想赶快离开这个地方。

李海来到火车站，碰上几个说是要饭的。他们年龄不大，没有李海那么强壮，瘦小单薄，穿的是破破烂烂，其中还有一个是残疾人，拄着拐杖，裤子屁股的地方，露着两个大洞。他们也说这儿的饭不好要，要到南边去碰碰运气。有一列往南开得货车停了下来，他们也不管开到哪里，就爬了上去，李海也随着上了车。他们好像是走南闯北的行家里手，爬车的时候，脚手很利索。到车上后，各自抢了个避风的地方，佝偻着就睡觉，说是这样不饿得慌，能撑得时间长。李海看他们睡着了，被他们感染，再加上火车单调的"哐当、哐当"声，他把帆布背包坐在腚下，抱着行李也迷迷糊糊睡去了。

不知道过了多长时间，也不知道火车停了几站。李海被一阵凉风吹醒，醒来后才发现自己怀里的行李没有了，而那几个说自己也是要饭的，也不见了踪影，无疑他的行李是被这几个人偷去了。他这才想起在车站的时候，他们几个不怀好意、贼眉鼠眼的瞅着自己的行李。虽然他的行李不值钱，就是他在监狱里的铺盖和一身换洗衣服，但被他们偷去，他还是觉得很可惜。他怪自己不该和他们同路,坐一趟车。更怪自己没有一点警惕性,睡觉睡得太死,他们偷自己的东西也不知道。后悔也晚了,知道再也找不回来了,干脆他也不下车了,随你往哪开吧,到哪是哪,出了车祸才好,死了更干净。可这时车却停了下来,再也不往前去了。

李海有气无力地下了车,见不远处有个铁路工人,就走上前去问他这车怎么不开啦?

那人看了他一眼,答道再开就开海里去了。

李海这才知道,他到了大连。来到车站,他讨了口水喝。有好心人看他饿得不行,就给了他半个煎饼,他狼吞虎咽地就吃完了。他知道他现在和家乡隔着一个渤海湾,是暂时不能再往南去了,必须先找个活干,填饱肚子再说。于是他就向人打听,有没有要人的地方。这时有个干部模样的人告诉他:码头那边好像缺少人手,你到那边去看看。

真像那人所说,码头缺少搬运工人,正在招人。招收的工人分为正式工和临时工两种,有大队和公社证明信的,可招收为正式工人,没有的就是临时工。正式工和临时工干得都是一样的活,但工资待遇是不一样的:正式工的工资高,有劳保福利。临时工的工资低,没有劳保福利。正式工和临时工住的也不一样,正式工住的是上下铺,八个人一间屋;临时工住的是大通铺,几十个人住在一起。当然他们最根本的区别在于,临时工是不稳定的,可随时走人。

这种走人是两方面的，一方面单位没有活干或者有活要不了这么多人，那你临时工就可以走人了，也或者是有活需要你去干，但你不好好的干，那你也就卷铺盖走人吧，再也或者你也好好干了，可是领导认为你没好好干，那你也得卷铺盖走人。另一方面，你觉得不满意，不想干啦，你就可以无牵无挂的随时离开。

正式工就没有那么"方便"，你只要"在卯"了或者"在编"了，只要你愿意，也只要你没有大的错误，不用时刻去讨领导的欢心，你就可以一直干下去，直到退休，退休了，你也是单位的人，也还发你工资，直到你彻底离开这个世界。

李海没有当上正式工，当上了临时工，他也很高兴。别说给的工资没有正式工的多了，就是不给工资他也得干了，对他来说，当务之急是能混口饭吃，能有个窝蹲。他上班的地方叫搬运站，正式工来到的当天就发了半个月的工资，他们临时工没有。李海没有钱买饭票和铺盖，他就对搬运站的领导说，自己的铺盖和钱在来的路上，被小偷偷去了。站领导很同情他，就预支了他半个月的工资，等发工资的时候，再给他扣掉。李海告诉王强，他很满意目前的状况，他现在最大的愿望就是好好干活，好好表现，争取早一天转为正式工，等当上了正式工，他就回家乡看看。他还嘱咐王强，如果能收到这封信，要给他回信，他很牵挂他。

四十四、报信

给王强介绍完李海信的内容,晓晓问:"侯有福是谁?"

于是王强就把侯有福为了往上爬,诬陷李海,使李海蹲了三年大牢的事告诉了晓晓。

晓晓淡淡地说:"不足为奇。"

知道了李海的现状,王强真为他高兴。他对晓晓说:"李海不回家还对了哩,回到家有什么好?"

晓晓笑着说:"在信里,他还很羡慕你呢,说你和家人团聚了,他还孤身一人在外面飘荡。想想也是啊,日子过得好吧、歹吧,毕竟家人在一起了啊,相互能有个照应,说话也不必千思万虑、处处提防。在外面可就大不一样了,要小心谨慎,甚至提心吊胆,要是碰上侯有福这样的人,就会招灾惹祸,既给自己带来伤害,也给家人带来不安。你看,在外面说个话都那么不容易,其它的事就更不好办了,要不怎么说'在家千般好,出外一日难'呀。"

每次和晓晓说话,王强都能学到不少道理,觉得晓晓就像个老爷爷似的,不但上知天文、下知地理,前五百年、后五百年的事她好像也知道。可一些人就觉得自己了不起，瞧不起晓晓，说她是个神经病，实在是放屁。

不知不觉到了晌午，王强说："谢谢你嫂子，俺得回家了。"于是就匆匆和晓晓告了别。

刚把天成给埋了，这又知道了归管处的王主任也跳了井，王强真有些意想不到，感觉人的生命真的不是自己的，是阎王爷的，说给要了去，不知道哪一会儿。他的脑海里不时出现余年旺被井水泡胖了的尸体，以及本来就是真胖的王主任的身躯。他心里一阵好笑：余年旺和王主任，竟然同是地狱里的小鬼了，见了面，他俩不知会怎样？他不由想起看大戏时，里面有一个黑脸人唱得：是奈何桥上泯恩仇，还是阎王殿上论分明啊？

回到家，王强心情不错，竟然说："咱家要是有酒就好啦，真想喝一杯。"

王强的娘心有不平地说："咱家要是有酒的话，也轮不到你喝，早叫你爹灌肠子里去了。"

王娟见王强有点反常，就纳闷地问："王天成死了，你是不是特高兴？"

王强见王娟误会了，就对他讲："天成死得可惜，俺有什么可高兴的？伤心还来不及哩。有个人死了，俺高兴哩。"他原来不想让王娟知道，想到还得叫王娟替自己给李海写封回信，于是就把李海的来信递给王娟，说："你看看，一会儿替俺写封回信。"

王娟假装不高兴的说："俺才不帮你写呢，平时叫你识字、学习，你不愿意，现在又拉俺的官差，俺才不干呢。"

王强连忙说："俺不是笨嘛，学不会嘛。哥求求你啦，就替俺写一封吧，哥这还是第一次叫你替俺写信哩。"

王娟见王强急了，就不再和他闹了。哥哥能收到来信，说明还有人在惦记着哥哥，他还不是一个老死不相往来的人，同时她自己也很想知道哥哥这封信的内容。

王娟看后,问王强："这个王主任就是逼死桂兰姐哥哥的人吗？"

王强叹了一口气说："是的。"王娟的话，使他想起了余桂兰。

王娟边看边说："死的好，怪不得你要找酒喝哩。"看到最后，王娟也像晓晓一样"嘻嘻"地笑了起来，她说："这个李海还怪有意思，还问你成亲多长时间了，有几个小孩了哩。"

扯上自己的婚事，王强的脸上变得不好意思起来。他嘟囔道："这个李海，啥都想知道。"可是在心里，他却在想：刚才晓晓咋没说俺成亲这回事呢？是怕俺难看、给俺留着面子哩。想到这，王强心里一阵暖乎乎地，感觉晓晓真是善解人意。

刚才王娟提到了余桂兰，王强想这是个好消息，她知道了也会高兴的。几年都没了她的音信，也不知道她现在怎么样了。分别的时候，她是想叫他到她家去的，实际上王强很思念余桂兰，也想去找她，可是他却怕给她招惹麻烦没有去。他娘听了"无不知"的话，也没再叫王强去找她，他和她的关系就断了下来。余桂兰说自己是冤枉的，肯定不会是瞎话。王强不知道她现在怎样了，下定了决心，要到余桂兰家去。

王强的娘后来也很后悔，怪自己不该听信"无不知"的话，和余桂兰的关系就此断了下来。现在李海来信提到了余年旺的事，她也觉得王强应该去一趟余家坳，也叫余桂兰高兴高兴。于是就张罗着叫王钢去后山，摘几个野石榴，放在王钢以前用过的书包里，叫王强带上。

王强找了个小竹筏子，逆流而上，小半天的功夫就到了余家坳。他拴好竹筏，就按照余桂兰去的方向，朝余家坳庄里走去。

余家坳和王山窝不一样，它傍水但不依山，离山稍微远了些。村庄的四周都是平整的庄稼地，那条路曲曲折折的小路，从村庄的中间穿过。王强想着余桂兰告诉他的话，仔细的瞅着，从村子的东头，走到村子的西头，眼看就要出了庄，也没见到哪家院子里有棵柿子树。他想能是院墙太高，遮挡住了柿子树。他就转回头，按照原路，从村子的西头，向东寻去。每到一家，如果是院墙矮的，他就走到墙跟前向里瞅，看有没有柿子树；如果是院墙高的，看不到院子里的景象，他就从大门里看有没有，关上门的，就趴在门上，从门缝上望里看。这样他又从西看到东，也都没有发现柿子树。王强想是不是拐到另外一条路上去了呢？于是，他就从岔路口向另外一个方向找去。王强就这样从东找到西，又从南找到北，一个余家坳整整看了一遍，也没有找到余桂兰的家。王强很失望，这时他开始怀疑余桂兰的话了：余桂兰原来是在骗俺！可是他马上又否定了：不，她不是这样的人，她不会骗俺，俺可能是听错了，她说的可能是石榴树，俺听成了柿子树。可是在他的印象中，好像也没有看到哪个院子里有石榴树。他想向看他的社员打听余桂兰在哪住，可又怕给余桂兰带来不好的影响：一个大小伙子找一个大姑娘，你们是什么关系呢？可是不问一下，他确实是不能找到余桂兰家里了。他正当他犹豫不决的时候，突然他身边蹿上两个壮劳力，不由分说，就一人拧住王强一个胳膊，反背腰后，使王强不能动弹。

四十五、阶级敌人

王强的反常行为，引起了余家坳一些社员的注意。有人很快将这个突然出现的、东张西望甚至有些鬼鬼祟祟的陌生人，汇报给了负责治安的大队民兵排长。民兵排长马上带着两个民兵盯上了王强，他也感到王强是个阶级敌人，是来余家坳搞破坏活动的。他盯住王强斜挎在身上的书包,那撑起来的圆鼓鼓的外形,使他思忖着那里面到底是地雷还是手雷。他们注视着王强的一举一动,一旦他有什么破坏活动,就立刻将他捉住。

民兵排长见王强停了下来,不再走了,就以为他要开始搞破坏活动了,他马上向另外两个民兵使了个眼色,那两个民兵立刻跑上前去,将王强制服。

王强被这突如其来的举动吓了一跳,他问排长:"你们要干什么?"

排长得意的笑着说:"不是我们要干什么,是你要干什么?"

王强恼怒的说:"俺什么也没干,怎么抓俺?"

看到民兵们把王强逮住了,刚才旁观的社员们渐渐地围了上来。

听到王强在质问他,排长脸上的笑容没有了,他狠狠地说:"你这个阶级敌人,到我们这儿搞破坏活动,不抓你抓谁。"

王强申辩道:"俺不是阶级敌人。"

"你不是阶级敌人?"排长轻蔑地笑了一下,马上就收住了脸,对附近的社员说:"他想炸我们余家坳,破坏咱们大好的革命形势,还说不是阶级敌人呢,还嘴硬。"说完他走上前来,伸手就"啪"地给了王强一个响亮的耳光。

王强被打急了，使劲的伸了伸胳膊，想挣脱那两个民兵的束缚，要去和排长拼命。随着王强身子的挣扎，装着石榴的书包也晃动了起来。排长一见，以为王强要引爆地雷或者手雷，立刻"扑通"一声趴在地上，然后双手抱着头，眼睛也闭着，心里不禁埋怨起自己来：这下完了，知道他身上有爆炸物，还离他那么近。

王强和那两个民兵以及附近的社员，被排长的举动搞得莫名其妙，不知道他是怎么一回事。他们中有个年纪大一点的人，拿不定地说："排长好像是中风了？"

其中有一个人不知道"中风"是个什么东西，就问到道："'中风'就是被一股妖风刮着了吗？可刚才也没见有风刮呀。"

马上就有人反对说："怎么说没有风呢？我刚才就感觉有一股妖风刮了过去，排长肯定是妖孽附体了。"

"赶快喊大队的李大夫给看看吧。"有人着急地说。

"不知道他那儿有没有治'中风'的药。"也有人担心地说。

"……"

排长趴在地上好大一会儿，也没听到有爆炸声响起，他慢慢地睁开眼向上瞅了瞅，看大家都瞪大眼睛看自己，他们的表情，就像在看一个怪物似的，这才一骨碌爬起来。起来后，他指着王强的斜挎着的书包，对其中的一个民兵说："把他的挎包拿下来。"

那个民兵松开了王强的一只胳膊，从王强身上拿下书包，然后交给了排长。

排长打开书包一看，见是几个圆圆的石榴，气得往地上一摔说："你到底是干什么的？"

王强见这个人刚才卧倒的姿势，又听到大家的议论，知道了他是余家坳的民兵排长，心想余家坳的人怎么会叫一个有病的人当民兵排长哩。王强挣脱了另外一只胳膊，气愤地对排长说："俺是来找人的，你凭什么抓人、打人？"

排长自知理亏，还强词夺理地说："你贼头贼脑的，不像是来找人的。"

王强说："俺就是来找人的。"

排长连忙问："那你找谁？"

王强没有立即回答他，他的心里还在捉摸不定：到底是告诉他还是不告诉他，俺是来找余桂兰的。

排长见王强没有回应，以为他答不上来了，就像抓住了洋理一样，又得意起来："你说不出来找谁了吧，我看你就是个阶级敌人，就是来搞破坏的。"

王强定了定神说："俺是余年旺的战友，俺是来给他家报信的。"

"嗷,原来是余年旺的战友。"

"是到余杰家去的。"

"我去叫余杰去。"

"你刚才看的就是余杰家。"

"……"

周围的社员见王强只身一人,并没有带什么能搞破坏的工具或者危险物品,现在他又说出了原来他们庄上的人——余年旺的名字,就确信他真的是来找人,而不像排长所说的是什么阶级敌人。

不大一会儿,余桂兰的父亲余杰就来到了。有人指着王强对他说:"就是他找你呀。"

余杰中等身材,五官端正,皮肤稍白,消瘦的脸庞,透露着几丝疲惫。他来到王强跟前,仔细地打量了他一下,然后悄声地问他:"你认识我家年旺?"

王强听他说他家年旺,可能说得就是余年旺,看他的样子,感觉余桂兰倒更像他,就知道他是余桂兰的父亲了。他连忙对余杰说:"余大叔,俺和余年旺在一个部队,曾经一起吃饭、睡觉,俺就是来找你的哩。"

余杰接着又问他:"你是从王山窝来的吧?"

王强点点头说:"是的。"

余杰又问他:"你叫王强对吧?"

王强又点点头,说"是的,俺是叫王强。"

余杰转过身来,笑容满面地对民兵排长说:"不错,他是来找我的。"

王强白白的被这个民兵排长打了一巴掌,心里窝火,就气愤地对余杰说:"他这个人怎么那么野蛮,不问青红皂白就抓人、打人。"

民兵排长一点也不不好意思地对余杰说:"有人向我汇报,说咱们大队来了一个形迹可疑的人,于是我就带人来看看是怎么回事。我发现他呀并不像个坏人,我怕咱们队里不明真相的人,伤害到他,我就叫人把他给保护了起来,可是他不理解,我就抚摸了一下他的脸,没多大关系的。"

余杰不敢得罪他,就说:"可能是个误会。"

民兵排长脸上马上就笑了起来,点点头说:"是误会,是个小误会、小误会。"

王强很恼火地说:"有这样保护人的吗?你们就是抓人、打人,还摔毁了俺的石榴,还说是个小误会,要是个大误会还能怎么样?"

民兵排长顿了顿,昂首挺胸地说:"我今天没喝酒,也没带家伙（武器），要不你小命就没有了，这样误会不就大了。刚才只是打了你一下，这不是个小误会吗？"

听他这么一说，王强好像不但没有吃亏，还捡了一个大便宜，还得要感谢他似的。王强气愤地对余杰说："你们这儿难道就没有王法了吗？"

民兵排长"哈哈"大笑起来："什么王法不王法，那是封建社会的东西，有什么用。我说过了，这只是个小误会，你还想怎么样？"

人在屋檐下，不得不低头。余杰知道这余家坳的社会治安，就是民兵排长说得算，他就是王法，他说的怎样就是怎样。在余家坳，除了支书和大队长，人人都怕他三分，更甭说王强一个外乡人了，还能有个赢吗？

余杰怕再争吵下去，王强还得吃亏，就拉过王强，向民兵排长赔着笑脸说："是个误会，是个误会。他是来找我的，我们这就回家。您晌午可得闲，到我家去吃饭吧？"

民兵排长这才有了笑脸，他对余杰说："不用、不用，我还有其他事，以后再来亲戚朋友，可不要再像他这个样子了，免得误会。摔坏的几个石榴，我一会儿给支书说一下，叫大队赔你。"

余杰弯下腰，把滚在地上的石榴放进书包里，而后拎起来对民兵排长说："不碍事的，不用赔。"

民兵排长对看热闹的大人、小孩训斥道:"都回家吃饭去,有什么好看的,都散了。"说完,连刚才趴在地上沾的一身灰,也没弹一下,就扬长而去。

四十六、柿子树

王强本来还想和民兵排长理论一番,但想到亲向亲、邻向邻,自己孤身一人在这里,能和他争出个里表吗?不但不能,如果惹恼了他,自己一拍腚走了,他还不得找着茬的欺负余桂兰一家?想到这,王强只能把这口窝囊气咽了。

他随着余杰来到了余桂兰家,进了院,也没有看见柿子树和石榴树。他的心一沉:余桂兰到底还是说了瞎话。进屋坐下后,也没有看见余桂兰,只有看到余桂兰的父母和弟弟。

余杰问他:"你找我有什么事吗?"

于是王强就把李海来信的内容告诉了他。王强满以为他听后也应该很高兴,不料余杰叹了一口气,说:"这么大的人了,怎么能像年轻人那样想不开呢?他一了百了,家里人不伤心难过吗?"

王强一听,感到余桂兰的父亲真是心地善良,自己儿子的仇人遭到了报应，不但不幸灾乐祸，反而为他家人担忧，真是一个好父亲。王强点了点头，说："是的。"但他的心事还是在余桂兰那，就问道："桂兰妹妹不在家？"

余杰看了他一眼，说："她出嫁了。"

王强吃了一惊，脱口道："她怎么出嫁了哩？"

余杰幽幽地说："她怎么就不能出嫁呢？"

王强红着脸，嗫嗫地结巴着："俺……俺……"

余杰就又叹了一口气，说："唉，你怎么才来找她呢？坏种向她身上扣屎盆子，别人信不信我不知道，可你怎么能信呢？你让她等你等得好苦啊。"接着他告诉王强，在今年的春末夏初，余桂兰出嫁了，嫁的是县农具厂的一个工人。

从王山窝回来，余桂兰就下定决心，不再和其他人尤其是男人们接触。当然，由于她的名声不好，其他人也在远远的躲避她，这样她落得清净，每天想着王强会怎样突然出现在她面前。她满心欢喜地看着院子里的那棵柿子树，少女萌动的春心都寄托在茁壮成长的柿子树上。树上的柿子熟了，她就将那最大最甜的几个，精心的保留着，好等到王强的到来，甜甜的看着他吃下这甜甜的柿子。雪花飘飘的时候，她又将柿子做成了柿饼。她想王强哥可能最喜欢吃柿饼，柿饼吃起来，会比柿子更加甜蜜。春天来了，她就细心给柿子树浇水、上粪，好让它使着劲的向上长，这样王强哥一进庄就能看到她家的柿子树。夏天到了，她怕雨水淹了柿子树，就给树根培上厚厚的土，踩实后，再挖上几条小沟，好让雨水能及时的淌走。柿子树成了她和王强的信物，也由此成了她心中的圣树。

春去秋来，暑往寒到。少女的梦想仿佛是树上的叶子，黄了又青，青了又黄。随着时间的流逝，余桂兰心中的希望，就像大雨落在水汪中溅出的泡沫，一个一个的破灭着。同时破灭的，还有那些对余桂兰的不实之词。

任何披着真实外衣的谎言，在时间面前都会原形毕露，其结果不是令人贻笑大方，就是令人不齿。在余家坳，人们渐渐地发现，余桂兰并不是村长的男人所说的那样，是个放荡的女人、是个破鞋。他所说的那些话，除了他自己，谁也没有发现她和别的男人有什么不正常的关系。他们想如果有那些破事，余桂兰和那些人就不可能掩饰得天衣无缝，多少都会露出点蛛丝马迹来。如果有那些破事，余桂兰怎么也没有大过肚子？如果有那些破事，那些和余桂兰有过关系的男人，就没有一个想到余桂兰家提亲，把余桂兰娶过来当媳妇吗？如果脾气欢、爱说爱笑就是不正经，那天底下得有多少不正经的女人啊……。再说了，村长的男人本身就不是什么好东西，经常骗吃骗喝，不劳而获。他很可能就是想仗势欺负余桂兰，没有得逞，才反咬一口，倒打一耙的，他才是一个真正不正经的人。再到后来，人们发现，就连"嫉妒坏"说得话也是自相矛盾，前言不搭后语：她有时说自己路过茅厕，听到里面有人说话，就知道是余桂兰在勾引男人；有时又说是自己尿急了，憋不住，急急地进了茅厕，都解开裤子了，才发现他俩也在解裤子。她的话不知道哪些是真的，人们就开始怀疑她这是在编瞎话，目的是为了讨好村长，而诬陷余桂兰，只有余桂兰的辩解才是真的。

人们对余桂兰的看法转变了，见了她也不再避而远之，反而对她的遭遇表示同情，上门提亲的也多了起来。这其中就有余桂兰的一个在县城住的远房俵亲，给他介绍了一个在县农具厂上班的工人，叫顾田。

父母看着村上和余桂兰般大般上的姑娘，都已结婚生孩子了，心里很是着急。他们就叫余桂兰不要再等王强了，劝她说王强根本就没有把她放在心上，说不定现在早就娶妻生子了，你这样等他是没有用的。父母的话好像在灵验，几年过去了，又不是隔着万水千山，又不是远在天涯海角，你王强为什么就不上我家的门呢？想想她和王强也就认识了一天，就没有再接触了，彼此能了解多少呢？她和他之间也没有任何的约定，这样等待有意思吗？王强久久没有来找余桂兰，也没有托人来说亲，余桂兰的心渐渐凉了下来，这时顾田上门相亲来了。

顾田人长得一般化，眼睛不大，漫长脸，个头也不高，皮肤还粗糙，家庭条件也不好，所以在城里找个对象就有些困难。余桂兰的这个俵亲，和他同一个厂子同一个车间，看到顾田忠诚老实，不怕吃苦，干活也很卖力，是个过日子的人，就想把余桂兰介绍给他，也想叫余桂兰早日离开余家坳那个是非之地。

第一次见面，余桂兰没有什么感觉，就是应付一下父母。而顾田见到她以后，就喜欢上了她，对她说她就是他要找的对象。每到星期天或者不上班的日子，他都骑洋车子到余桂兰家里来，帮着她干这干那。甭看他在城里长大，干起农活来也挺在行。他对余桂兰说，县城算不上什么城市，就是一个大点的乡镇，他的叔叔就在离县城不远的桃花渡，农忙的时候，他父亲就经常带着他兄弟俩去叔叔家干活，所以他对春耕夏收一点也不陌生。他还对她说，如果他和她成了家，他一定疼她爱她，不让她受一丁点的委屈。余桂兰那颗渐渐冷下来的心，被顾田慢慢地给捂热了。

出嫁那天，顾田骑着一辆新洋车子来接她。就要离开这个家了，也就要离开院子里的那棵柿子树了。余桂兰抚摸那棵倾注了她无数心血、也寄托着她无限相思的、她心目中的圣树，心潮起伏，感慨万千。过了好长一段时间，她才对父亲说："把这棵树给砍了吧。"

余杰不解地问她："为什么要砍掉它呢？你看它今年又挂了不少果呢。"

余桂兰喃喃道："不砍的话，我就不出嫁。"

余杰说："这柿子树结的果不多吗？"

"多。"

"不大吗？"

"大。"

"不甜吗？"

"甜。"

"那你为什么非得砍它啊？"

"不砍，我就不出嫁。"

旁边的顾田急了，说："爸，你就答应兰兰吧。今年砍了，明年咱再栽一棵。"

余桂兰决绝地说："从此往后，这里不准再栽柿子树，要不我也不出嫁。"

顾田连忙地说："好好，咱不栽柿子树。爸，明年我给你栽棵白果（银杏）树。"

余杰无奈，只好进屋拿来斧头。顾田接过来，去砍那棵柿子树。他一斧头下去，树身裂开一道白白的口子，树身一震，树枝上挂着的鹌鹑蛋大小的小灯笼（小柿子），"唰唰"地掉了一地。顾田的每一斧头，仿佛不是砍在柿子树上，而是砍在余桂兰的心上。柿子树终于慢慢地倒了下来，泪眼迷蒙的余桂兰再也控制不住自己的情绪，放声大哭起来。

余桂兰的母亲因余桂兰的离开，本来心里就很难受，早已眼泪汪汪，现在见余桂兰哭得那么伤心，她走上前去，一把将余桂兰搂住，也跟着哭出声来。

余杰见状，不知所措。他窘迫地对顾田说："你看这？唉！"

顾田见余桂兰哭得厉害，心里也难过，但他嘴上却宽慰着余杰，说："爸，我知道她心里不好受，就让她哭会儿吧。听我妈讲，女孩子出门就得哭，这叫哭嫁，哭得越很就越喜庆啊。"

听到顾田这么说，余桂兰感到顾田真是个可以托付终身的人，心里好受了许多。她把母亲扶到屋里坐好后，擦干了眼泪，出来对顾田说："咱们走吧。"

"……"

四十七、食堂

王强不知道是怎样离开余桂兰家的。余杰留他吃饭，他没有同意，坚决地要回去。他昏头昏脑、浑身像是散了架似的出了余家坳。

来到龙河边，他笨手笨脚地解开竹筏，拿起竹篙，上了筏子，回头向岸边看了一眼，三年前，余桂兰离去的情景，历历在目。眼前出现余桂兰那甜甜的笑容，是那样的清晰，那样的刻骨铭心。她说的话也在他耳边响起：

"我怎么知道什么时候再开呢？你还没被人批斗够呀？你被批得上瘾了吗？"

"你快回去吧，到家天要黑了。"

"路上要小心些啊，拐弯时要把稳桨。"

王强神不守舍得划着竹筏，左一篙右一篙，筏子在河里，一会儿南，一会儿北，摇摇摆摆，像一个喝醉酒的汉子。

岸上有个割草的小孩，正在唱他的颠倒歌：

"东西大路南北走啊，

出门碰个人咬狗啊，

拿起狗头去砸砖啊，

又怕砖头咬了手啊。"

看到河里王强撑筏子的模样，不禁的"嘻嘻"地笑了起来，他冲着王强喊道："这么大的人了，怎么连个筏子都不会使呢？"看王强没有搭理他，就又唱起不知是他娘、还是他奶奶或者是他姥姥、亦或是他的什么人、教他的儿歌：

"梅豆秧，爬园子，

八月十五炸丸子，

大人仨、小孩两，

吃完再要没有啦。"

……

王山窝大队炼的铁，没有成为全公社最多的，反而成了全公社最少的。更为严重的是，在这次大炼钢铁运动中，全县只有王山窝大队出了人命，为此县委书记在"三干"（三级干部会议：县、公社、大队）会上点名批评了王支书，并要处分他。公社书记恼羞成怒，回来后就撤了他的王山窝大队党支部书记的职务，由原来的大队长取而代之。而这个时候，天成的娘也没有多撑几天，就寻天成去了。

天成的死，对她打击是致命的。她和支书成亲以来，他不但给她气受，还在外面和其他女人不干不净。她早就厌倦了这样的日子，好在天成渐渐长大，并且在支书欺负她的时候，天成往往会向着她，帮她说话，天成是她活下去的唯一精神寄托。

支书的独苗天成没了，婆娘也没了，竟和地主王宝山一模一样了。这还不算，他满怀希望的铁也没有炼好，"顶戴花翎"也给摘了。接二连三的打击，使原先的王支书精神失常了，而在王山窝大队社员眼里，他是憨了。

大队食堂办得也越来越艰难了，再也不能像刚开办的时候那样，敞开肚皮吃、直着脖子喝了。如果光是山吃海喝也能说过去，令人痛心的是，粮食被糟蹋和浪费的无数：红芋长在地里好好的，该起出来了，都不去起，认为反正有的是粮食，而且还是细粮，吃不完、喝不净。谁憨了，还去扒地下的粗粮吃？种小麦的时候，就用犁子直接犁地，犁出来的红芋也不拾，接着就用耙子给耙平，鲜亮的红芋就好像是一坨坨的大粪，又给埋在了地下，让它烂在地里。俗话说吃了不疼，丢了疼。有一天晚上，王宝山觉得白白烂掉太可惜，就偷偷摸摸扒了几个带回去，不想被巡逻的民兵发现了，结果被大会、小会批斗了好几次。本来一亩地只需要麦种几十斤，可偏偏用了几百斤，说这样才能高产，并且还有充分的"理论依据"：一个麦粒长出一个麦穗，就算一个麦穗最低只结十个麦粒，那几百斤的种子就能长出几千斤的粮食。推算得多么的完美无缺啊，人老几辈子和土地、庄稼打交道的他们，难道就真的不知道，那拥挤的麦种能有几个活下来、发芽、生根、结穗啊？

不吃粮食！是王山窝人用来骂人的一句话。意思是是人都得吃粮食，不吃粮食的人都不是人，是畜生。骂的既是那些糟践庄稼、不懂得爱惜粮食的人，但更多的骂的是那些不讲道理、不负责任、不守礼节、没有信用、没有人性、没有廉耻的人，主要是指精神和行为层面上的，而不是骂谁真的不吃粮食。

而令他们万万没有想到的是，当他们不把粮食当回事的时候，粮食也开始不把他们当回事了。现在他们想吃粮食了，可是已经不是那么容易就吃得上了，被糟蹋的粮食不是白糟蹋的，他们开始进入真的不吃粮食的阶段了。

这天吃晌午饭，原来的大队长现在的大队书记张支书，对大家说："目前咱们的粮食不多了，大家要省吃俭用，不能再浪费了。从现在起，要多吃些蔬菜和瓜果，这样也能填饱肚子。"

还在王支书说得算的时候，小芹的娘被他安排在食堂做饭。她指着菜筐里仅有的两棵大白菜说："白菜也快吃完了，以后只能是窝头就咸菜了，更没有什么瓜果可吃。"

张支书说："咱们再想办法，再想办法。"

说话间，和小芹坐一个桌子吃饭的王支书，三口两口就把自己的那份饭吃完了，他拿着碗还要去盛，傍边的人见了，就笑话他说："你个憨子，还想再吃第二碗哩。"

天成的两个妹妹只顾自己吃饭，没有去管他。小芹这时就放下碗筷，走过去像哄小孩似的，对他说："回去，没有饭啦。"而这时王支书把碗朝地上一扔，双手就往小芹怀里摸，边摸边说："俺要吃奶奶、俺要吃奶奶。"

吃饭的众人"哈哈哈"一片哄笑，小芹羞愧难当，抬手给了他一个大嘴巴子，恼怒地说："你个不要脸的憨熊哩，真不通醒。"

王支书被小芹打得一愣一愣的，没差一点摔倒。天成的两个妹妹，木然地看着她们的父亲，嘴上没有吱声，心里却在说：你以前做什么都向着小芹，好吃的她先偿，花衣服她先穿，依着她、惯着她。今天她打你，活该！只有小芹的女儿见她娘和爷爷（应该是父亲）打架，吓得"哇哇"大哭起来，那哭声，在已经没有鸡鸣狗叫的王山窝，显得很是嘹亮。

四十八、冒充

上世纪六十年代的第一个春天，饥饿笼罩着王山窝，粮食明显的不够吃了。由每天三顿，改为两顿。劳力一人一天还有一个窝头，妇女和儿童则全部喝稀饭。谁的饭打得多了、谁的饭打得少了，谁的窝头大了、谁的窝头小了，人人都在为那一点一滴的吃食计较。为此每顿饭都有吵架的：吃饭的和打饭的吵，吃饭的和吃饭的吵。

小芹的娘既是做饭的，又是打饭的，每顿饭都要被人指桑骂槐的说一遍。她是个不能吃亏的人，所以她听着话音不对劲，就搭腔和人家大吵一场，有时吵着吵着就摔桌子打板凳，锅碗瓢勺叮当响，大人吵，小孩闹，乱哄哄一片，食堂变成了集市，王山窝成了鹅窝。

每当这个时候，都够张支书忙活一阵子的。他是训了这个，训那个。那个不坑气了，这个又嚷嚷开了，真是按下葫芦又起了瓢。每日里是疲惫不堪，一到吃饭头就疼。他说，这食堂不能再办下去了，能吃的、能用的分分散伙，各回各家，各人想办法自己糊口去。

可是分到手的粮食寥寥无几，根本就吃不到夏收，现在是坐吃山空，将来就是坐以待毙。怎么办？大家想出了一个共同的糊口办法，那就是出去要饭。

王强家决定王玉德老俩口和王钢出去要饭，王强和王娟留下看家。叫王钢去要饭，觉得他是个残疾人，人们会同情他，饭好要些。王强是个大小伙子，有一把子力气，不凭力气去挣钱，反而去讨饭，人家不一定愿意给。王娟已长成大姑娘了，以叫花子的身份抛头露面，王娟不但不好意思开口讨要，一些心怀不端的人，还有可能对她图谋不轨，徒添是非。

这天，人们三三两两汇集到大队部，准备结伴而行。

张支书面对出外逃荒的人，很不高兴。因为就在去年缴公粮的时候，张支书拍着胸脯、信誓旦旦的汇报说：王山窝大队红芋亩产两万斤,小麦亩产八千斤,玉米亩产一万三千斤,就连油菜也亩产四千斤。而现在社员们连饭都没得吃,要去讨饭了,这不叫人笑话吗?可是现在他们不出去要饭又不行,家里的又没有粮食吃,饿坏了人,他可担当不起。怎么解决这个矛盾呢?张支书真是眉头一皱,计上心来。他想到余家坳那位女支书,报的是红芋亩产三万斤,小麦亩产九千斤,玉米是一万四千斤,油菜五千斤,处处比他高一等,把"高产卫星"大队的名誉从他手里给争了去,他就气不打一处来。

张支书故意唬着脸,对众人说:"谁也不准外出讨饭,这多丢人哩。"

有人回答他:"谁想要饭?谁也不想丢人哩,可是家里没有东西吃,不要饭就得饿死啊。"

有人在乞求他说:"你就行行好吧,给俺们一条生路,让俺们去要饭吧?"

张支书叹了一口气说:"唉,咱们都是乡里乡亲的,怎么会见死不救哩。既然你们要出去,那就出去吧,有什么事,俺顶着。"

有人连忙感谢道:"还是张支书和俺们一心啊。"

"出去要饭可以,不过哩……你们要答应俺一件事。"张支书提出了要求。

饥民们说:"只要你答应让俺们出去要饭,别说一件事,就是一百件也成。"

"那好。"张支书安排他们说："要饭的时候，如果有人问你们是那个大队的，你们不能说是王山窝的。"

王玉德问："不说是哪儿的，人家不一定乐意给啊。"

"就是的，咱们反不能是孤魂野鬼吧？"有人跟着附和着。

"那是得说个地方。"张支书解释说："要说就说是余家坳的。说余家坳早就没有东西吃了，俺们饿得不能行，不得不出来要饭。"

王玉德有点迷惑不解，说："大丈夫坐不改姓，行不更名。俺们为啥说是人家余家坳的呢？"

张支书脸色一凛道："叫你们怎么说就怎么说，还想不想要饭啦？"

众人见张支书不高兴了，唯恐不让出去要饭，就连忙地说道："行，行，就说俺是余家坳的。"

张支书的脸色这才好转了起来，再次嘱咐着："就这样说，千万别瞎说。"

"好，好，好。"饥民们纷纷答应着，千恩万谢后，就和家人告别，准备上路。

王强要送父母和王钢一程，却被张支书给叫住了，同时被叫住的还有地主王宝山，当时他正向晓晓嘱托着什么。

张支书对他说："你就别去啦。"

王强答道："俺不去，俺就没打算去。"

张支书又对王宝山和晓晓说："你俩就更不能去了。"

王宝山一愣，说："晓晓不去，可是俺怎么不能去？"

张支书绷着脸说："叫你别去，你就别去，不为什么。"

这时"无不知"插话了："你个老地主，还想和俺们贫下中农一起去要饭，你也不撒泡尿照照自己，你配吗？"

张支书心里笑了：这回"无不知"说到点子上去了。他把王强、王宝山和晓晓留下，就是不要他们出去要饭。王强回来后，表现还不错，也很听话，但他坏分子的帽子还是没有摘掉。王宝山的"地主"这帽子看来是铁的了，要戴到老死了。虽然他也很老老实实的了，也没有乱说乱动。晓晓的男人是被镇压了的，她现在还是反革命家属。实际上晓晓本人的成分并不高，她和王宝山的儿子成亲的时候，没有具体职业，档案表上填的是学生。多年来，她也很守规矩，没有给队里添什么乱子和麻烦。但是人心隔肚皮，虎心隔毛薏。他们还不是根红苗正的贫下中农，毕竟还不是一个阶级的人，还是提防点好，谁又能保证他们到了外面不乱说乱动呢？如果他们出去了，没有人看着他们了，万一不老实了，捅出了什么漏子，那可就晚了。

王宝山听"无不知"那么一说，也就明白了支书的用意，他叹了一口气，说："不去就不去吧。"

张支书还是有点不放心地说："你俩不但不能去，还得在每天吃过晌午饭的时候，到大队部来一趟，好让我能见到你们，要不你们出去没出去俺也不知道。"

王强说："支书你放心好了，俺是不会出去的。俺家还有王娟，俺还得看家哩。"

王宝山说："支书，俺向你保证，俺家晓晓就是饿死，也不会出去要饭的。俺也不出去了，俺晌午的时候就在家门口晒太阳，你在大队部一眼就能看到俺。"

张支书喜笑颜开，连连地说："好，好，好。"

四十九、识破

第二天，日头开始偏西了，王强对妹妹王娟说："俺到大队部那儿去了，你好好看着家。"

王娟有气无力地说："这家有什么好看的，就是小偷来偷，也偷不着啥。强盗来抢，也抢不着啥。你去吧，我晒会儿太阳。"

王强听王娟说的在理，心情也好了起来，也想逗逗妹妹，就说："怎么说没有东西可抢呢？强盗进来了，要是把你抢走了，俺怎么向咱爹咱娘交待啊。"

王娟笑了，说："抢走正好，再也不用饿肚子了，有人管饭了。"

王强叹了一口气，说："这年头，强盗自己也不一定能吃上饭，还想叫他管你饭，想的倒好。"

妹妹拿了一个竹子编的小凳子，懒懒地靠着墙根坐下，抬头眯了一眼太阳，说："强盗还能没有饭吃？"

王强也抬头看看天，觉得时辰不早了，怕支书埋怨，就说："强盗有饭吃，强盗有饭吃。把你抢走了，咱家还能省口饭吃哩。"说完，转身走出了家门。

到了大队部，支书还没有到。他朝晓晓家望去，果然看到王宝山坐在小板凳上，闭着眼睛，像是很满足的晒着太阳，又像是很安祥的在睡觉。

大队部的门没有上锁，虚掩着。他就推开门，从里面拿出一个长板凳，放在离门口不远的地方，坐下后，也眯上眼睛晒起太阳来。

春天的太阳是暖洋洋的，晒得人身上尚未脱下的冬衣蓬松松的。此时春回大地，万物复苏。然而王山窝的春天，却没有一点欣欣向荣的景象，她带给人们的感觉是疲倦，对于饥肠辘辘的人来说，更是使人犯困。太阳下的王强也是懒洋洋的，虽然他闭着眼，但他却是没有一点困意。他心里想着的是现在的父母和王钢是个什么情景，他们为了给家里省口饭，出去逃荒、要饭，他们现在到了哪里？外面的饭好要吗？能要到吗？有人欺负他们吗？有狗咬他们吗？要是刮风下雨了，他们有地方躲避吗？晚上他们又在哪儿睡觉……

王强正担忧、思虑到时候，张支书迈着八字步，慢悠悠的来到了。他看到王强在大队部门口坐着，又看到王宝山在自家门口打盹，他满意的笑了，笑着笑着，就不经意间打了一个长长的饱嗝。就是这个饱嗝，把王强从纷乱地思绪中拉了出来。他睁开眼，看到张支书气色不错，心情愉快，是一种人逢喜事精神爽的模样。在他的印象里，昨天外出逃荒要饭的人群里，好像没有队里干部的家人，他们好像是不缺东西吃的。

王强向他打了声招呼，张支书应了一声，就凑着王强也坐在长板凳上，他和颜悦色地对王强说："其实俺是很相信你的，也是想让你出去的，可是俺对他不放心啊。"张支书向王宝山的方向努了努嘴后，又接着说："俺怕他出去后，把咱们王山窝说得一无是处，那可就不好了。俺如果让你出去了，不让他出去，他肯定有意见。你俩在咱们队情况是一样的，都很特殊。"

王强说："俺知道你是对俺好，你不让俺出去是对的，万一俺嘴巴不严，说走了嘴，不就给咱王山窝抹黑了吗？"

张支书高兴地拍了拍王强的肩膀说："你这话说得俺爱听，要是咱王山窝的人都和你一样就好了。俺就是担心一些人嘴上没有把门的，把咱们这儿的情况一说，咱王山窝可就出名了。能是俺一个人丢人吗？是咱王山窝的人都丢人。冒充是别的大队的，这有点不仗义，可俺这样做是为了谁？还不是叫大家都好吗？"

张支书可能是心里高兴，竟然和王强有来是去的聊起天来。正聊在兴头上，突然一辆吉普车风风火火地开进了大队部，只听"嘎"地一声，停在了他俩的面前，一股尘烟弥漫开来。刚才还兴致勃勃的张支书，脸色一变，"腾"地一下从板凳上站起来，神情慌张，不知所措。王强从张支书紧张的样子中，知道那里面的人来头应该不小，因为只有县里的书记和县长才能有小汽车坐。

车门打开了，只见一个瘦瘦的中年人，急急忙忙地从车上跳下来，满脸愤怒气地直呼张支书的名字："张有良，你怎么搞的，叫你们大队的人出去要饭。"

王强认识他，他是公社书记，开批斗会时，他在台上讲话，王强和王支书在台下听。

听到公社书记这么一咋呼，张支书一惊，心想还是有人走露了风声，是那个龟孙子干的，回来后看俺不好好的整治他。他心里这样想，但脸上却满面笑容地说："李书记，您来了。俺队上没有人去要饭哩。"

李书记说："放屁，都有人亲口说了，就是你们王山窝的。"

张支书继续否认道："李书记，那可能是谣言吧，俺们队自成立人民公社以来，年年高产、稳产，不会有人出去要饭哩。"

这时从吉普车上下来一个胖胖的、年龄在五十左右的人，他面色红润，精神矍铄。但此时他表情异常严肃，他对张支书说："这不是谣言，是我亲眼所见，亲耳所闻。"随后他又非常气愤地补充一句："他们要饭都要到县城里去了。"

张支书见到他以后，他的笑容更加灿烂了，甚至有点诚恐诚惶地说："孙书记您也来了。要饭这事俺可能不大了解情况，可能、可能有出去的……"张支书有些支支吾吾了，他知道这位县委书记年轻的时候，曾经在这一带打过游击，对他还是很敬畏的，不敢再撒谎下去。

王强不知道他是谁,听到他这样说话,心想如果真像他所说,父母现在的下落应该是在县城。想想也是,只有到城里去要,才能要到,在农村是要不到的,谁家还有多余的剩饭啊。

"不是可能有,而是真有。一会儿你们队要饭的人就会给送回来,我看你怎么说。"公社书记余怒未消地指着张支书嚷嚷道。

县委孙书记也盯了他一眼,又看了看公社李书记,不满地说:"不光这个大队有,余家坳大队也有。"而后他又很困惑地接着说:"就是有点奇怪,王山窝的人说话像余家坳的,而余家坳的人说话口音又和他们王山窝的一样。"

一番话,说得张支书口呆目瞪。

五十、送回

张支书万万没有想到,当他冒充余家坳的人去逃荒的时候,余家坳的人也会打着王山窝的旗号去要饭。他和余家坳的那位女支书都想抹黑对方,然而他们都忽略了两地人说话口音不一样这个特点,两个大队虽然不是相距太远,但是口音还是有些差别的,这正应了当地的一句话:五里不同俗,十里不同音。

县城里突然增加要饭人群，引起了县委书记的不安。孙书记他想如果让这些要饭的人，跑到外县去，那他这个县委书记就会被人耻笑，就会影响本县的形象，必须坚决制止。他要求人武部和公安局在出县的路口，严防死守，不能让一个本县的人外出逃荒要饭。对那些到县城来的饥民，都要抓住遣送回去。在他寻问一个要饭的是哪儿人时，那人立刻并且理直气壮地说是吴庄公社王山窝大队的，没有一点不好意思的感觉。在他听来，这个人的说话口音和王山窝人的口音是有差别的。当有人汇报说余家坳也有人出来要饭时，他不相信，说余家坳是全县亩产粮食最多的队，怎么也有人逃荒要饭，他去见这个人，问他为什么要来要饭？这个自称是余家坳的人，说起话来竟然像是王山窝的人讲话一样。

县公安局和人武部的人很快将进城要饭的人给抓了起来，并把他们都送回家去。孙书记为了弄清王山窝和余家坳的人是怎么回事，就把吴庄公社的李书记拉着，一起来到了王山窝。

送讨饭人回家的大卡车来到了，从车上下来有二、三十口子。孙书记指着那些下来的人，对张支书说："你看看你们队的人，还说没有人出去要饭，他们都是鬼啊。"

那二、三十口子人，张支书看了一会儿，自然一个也不认识，他哭丧个脸说："这些人一个也不是俺王山窝的。"

孙书记恼怒地对那些要饭的人说："你们不都说是王山窝大队

的吗？现在你们到家了，你们可以回家了，你们都回去啊。"

那些人都站着没动，他们在这里是无家可归的。

王强比张支书看得还要仔细，他想知道余桂兰家里人有没有出来，看了一遍后，王强松了一口气，因为他没有发现余杰他们。但在这些人里面，王强还是发现一个熟悉的身影，那人就是王强在余家坳时，被他拧住胳膊的民兵。王强来到他面前，大声地质问道："你是余家坳的人，为什么冒充俺们王山窝的人哩？"

那人在余家坳时，对王强气势汹汹，不可一世。现在则变成了另一个模样，他哆哆嗦嗦地对王强说："是支书叫我这样说的，不这样说就不让出来要饭，不管我的事啊。"

其他人也都跟着应和着："就是的，我们不这样说，就不让出来。"

李书记在一旁气得直搓手："唉，唉，你们怎么能这样做，怎么能这样做。"不知道说得是出去要饭，还是冒充他人。

孙书记轻蔑地对他们说："你们都那么大的人了，有的还是轻壮劳力，不好好务农，不自食其力，好逸恶劳，好吃懒做，张口向人家讨饭，丢不丢人？害不害臊？你们还不诚实，冒充他人，哄骗别人，真是没脸没皮。"然后他语气一转，有点很得意地说："没想到吧，你们撞在我枪口上了。在这里，别说是你吴庄公社，就是其他几个公社,每个社员家的门朝哪,我都知道,还想欺骗我,真是白日做梦。"

李书记也连忙地跟着高兴起来,他使劲地鼓了几下手,见孙书记不再说话了,就接着对余家坳的人说:"咱们孙书记是火眼金睛,一眼就识破了你们的阴谋诡计,你们还想瞒天过海,就是白日做梦,白日做梦。"说完,他又满面笑容地对孙书记说:"真是常言说得好啊,狐狸再狡猾,也斗不过好猎手您啊。"

孙书记很谦虚地向他摆了摆手,然后对大卡车的押运人员说:"你们完成了任务,可以回去了。"

其中的一个大概是负责人,向他敬了个礼,大声地说:"是。"然后上了驾驶室。大卡车"轰隆隆"地发动着,调好头,空着开走了。

孙书记又对李书记说:"你的人我都给你送来了,要是再有要饭的,你这公社书记就不要干了。"

李书记唯唯诺诺地说:"是,是。我保证再也不让他们出去了。"他转过身来,冲着张支书,脸色严厉地说:"你看看,都是你干的好事,害得孙书记风尘仆仆、劳心费力地到你这儿来。你要是再让人出去要饭,在撤我之前,我先撤了你。"

张支书战战兢兢地答道:"是的,是的,都是俺的错,俺改,俺改。请您两位首长放心，俺们队以后再也不会有人出去要饭了。"

李书记点着张支书的鼻子吼道："要说到做到，我就看你的行动了。"

孙书记对李书记说："咱们走吧。"

李书记连忙来到吉普车跟前，抢在秘书的前面，替他拉开车门，又搀扶着孙书记坐在位子上，见他坐好后，又小心翼翼地关好车门，然后他自己再打开后面的车门，和随行的秘书先后上了车。已经调好头的吉普车，一溜烟地开走了。

直到吉普车看不见了，张支书才回过神来。他对那群站也不是、坐也不是的余家坳的人，恶狠狠地骂道："妈的个 X，还不赶快给俺滚，还想叫俺管你们饭吗？"

五十一、思亲

看着他们扶老携幼、拖儿带口的离去，王强心里一阵悸动，父母和王钢他们一定是被送到余家坳去了，他不知道他们在余家坳是不是也受到呵斥和责骂。在他的心里，他是既同情和怜悯这些人，又对这些人的木讷和逆来顺受感到气愤：当把你们向王山窝或者是余家坳送的时候，为什么就不能说明自己是余家坳或者是王山窝的呢？王强也许不知道，他们也许说明了、抗争了，说自己不是王山窝的人或者不是余家坳的人。但是他们已经上车了，在车上，司机是不理会他们的，押车的人也不许他们说话，他们左右不了汽车前进的方向，他们的命运不在自己手里。

王强悻悻地回到家里，并没有把大队部发生的那些事告诉王娟，怕她为父母和王钢担心。他在心里估算着王玉德他们从余家坳回到王山窝的时间，如果不出什么意外，天黑的时候，应该能回到王山窝。掌灯时分，王玉德他们还没有回来。春天的晚上，山村死一般的静寂，白天的时候，有阳光照射，晒得人暖洋洋的。现在是皓月当空，不时有阵阵凉风袭来。晒了一天太阳的王娟，很快就进入了梦乡，王强则辗转反侧睡不着，见父母迟迟没有回来，心里就庆幸着，他们在县城的某个角落里，没有被发现；或者他们根本没有去县城，而是去了另外一个他不知道的什么地方。

静谧的夜晚，连个鸡鸣狗吠的声音也没有，这些家禽、家畜们早已被人们吃光了，竖耳细听，只能听到树枝上嫩叶微弱的晃动声，这使他想起了在朝鲜坑道里的情景，那时也是为家人担忧，但那种担忧是短暂的，因为他和家人是远隔千山万水，担忧有什么用呢？更多的时候是被想家所代替。而现在与其相比，和父母的距离，可以说是近在咫尺，而内心的感受却是海角天涯。夜越来越深，春夜乍暖还寒。晚上只喝了一碗面糊糊，现在早已被消化的干干净净。王强努力使自己不再思念和活动，以减少身体对食物的需求。渐渐地王强瞌睡了起来，梦里他梦见王钢和父母大碗的吃着饭，王钢的碗里一会儿是白米饭，一会儿是大块的肥肉。而王玉德的碗里，一会儿是稀稀的菜汤，一会儿是清亮亮的美酒。而后他们又非常幸福地在某个墙旮旯里晒着太阳，而后他们又兴高采烈的走在一条宽广的大路上，而后他们又突然狂跑起来，后面有一条恶狗追赶着他们，母亲跑得慢，一下子被狗扑倒了……王钢从恶梦中惊醒过来，睁开眼睛，四周还是黑乎乎的，只有月亮在破旧的窗户上，投映着惨淡的光。他揉揉眼，知道夜还很长，还能再睡好大一会儿。而就在这时，门外传来一阵急促地敲门声，他一骨碌爬起来，披上衣服急匆匆地冲出屋外打开院门，只见母亲和王钢搀扶着父亲气嘘嘘地站立在门外，王钢和王玉德身上还散发着一股刺鼻的腥臭味。

王强问了声："这是怎么啦？"就连忙从母亲手里接过父亲，和王钢一起将王玉德扶进门来。王玉德有气无力地应了声："没有什么。"身子却软绵绵的依在王强身上。王娟听到响声也急忙起来，看到王玉德那样，不知道发生了什么事，就呜咽起来。

一家人进屋后，王娟一边哭着一边将棉油灯点着，这时王强才看清楚王玉德和王钢身上沾满了污泥，臭气就是从那发出来的。王强把父亲放在竹椅子上，让他斜躺着，没来得及询问怎么回事，就去打水。

王钢也疲惫地一腚坐在板凳上，他一边喘着粗气，一边痛苦地闭上眼睛，嘴里愤愤地喊道："俺就是饿死了，也不出去要饭。"

王强端来一土盆水，放在王玉德面前。王娟用一块破布给王玉德擦洗脸上、胳膊上和腿上的污泥。

王强问母亲和王钢说："你们吃饭了吗？"

王强的娘坐在床沿上，跺着脚咬牙切齿地骂道："往哪吃饭去？余家坳的人是畜生啊。"

王钢纠正他娘的话说："不是所有余家坳的人都是畜生，是一部分余家坳的人是畜生。"

母亲和王钢的话，说得王娟不知所以然。但王强却能有所知晓，因为他去过一次余家坳，并且白白挨了一巴掌，打他的那个民兵排长应该说是个畜生，他仗势欺人，一点道理都不讲，是个没有人性的东西。可也有一些余家坳的人，对他是不错的，对排长的行为是不满的，只是他们无可奈何而已。听到母亲那样说，王强感到他们在余家坳一定受到了欺负。

王娟给王玉德擦洗干净后，又打来一盆清水，要给王钢擦洗。王钢没有同意，他从王娟手里拿过那块破布，自己擦洗起来。王娟擦拭了一下眼睛说："俺去烧面疙瘩汤。"

王强的娘摆了摆手，连忙喊住她："不用，省点面吧，烧锅面糊糊就行了。"

王强劝道:"让她去做吧,反正面是不够吃,怎么省都没有用,吃完再想别的办法。"

王娟从桌上端起棉油灯,拿到锅屋做饭去了,王钢也跟了过去,他拿起水瓢,从水缸里舀起一瓢,就"咕咚、咕咚"地喝了起来,而后又舀了一瓢,拿到堂屋,给王玉德和母亲喝。

黑暗中,喝完水的王强的母亲和王钢讲起了他们在余家坳的遭遇。

五十二、惩罚

送王山窝的人到余家坳的,是县公安局长。当王玉德他们发现卡车行驶的方向不对时,就嚷嚷起来了,说俺们不是余家坳的,俺们是王山窝的。并叫着要司机停车,他们要下车。公安局长从驾驶室里伸出头来,对车厢里的人大声地训斥道:"你们不是说是余家坳的吗?现在怎么又说是王山窝的了,现在反悔,晚了。"说完又坐了回去,不但不停车,反而叫司机加速朝余家坳开去。

到了余家坳，押运的公安人员将他们驱赶下来。公安局长对余家坳的女支书说："他们这些人游手好闲，好吃懒做，出去要饭，还冒充是你们余家坳的人，我给你送回来了，我也算完成了任务。"

女支书笑道："你一路辛苦了，谢谢你了。"

公安局长黑着脸说："听说你们庄上也还真有人出去要饭，这可要注意了，县里对这个事很不高兴，发现后是要严肃处理的，知道吗？"

女支书唯唯诺诺地应着："是、是，以后不再叫人去要饭。"

公安局长走后，女支书对王玉德他们说："你们不是说是我们余家坳的人吗？那我也不把你们当外人了，你们就把这塘里的苘（一种草本植物，茎的皮可以做绳子）给出出来吧。"她指着大队部前的一口水塘说。

王玉德说："俺们本来也不想这样说的，是俺们支书硬要俺们这样说，不这样说，他就不让出来要饭，不能怪俺们哩。"

女支书轻蔑地说："不管谁叫你这样说的，你们败坏了我余家坳的名声，给余家坳泼了脏水，你们就得给余家坳干点事。"

王钢不满地说："俺凭什么给你干活，俺们家走。"说完就要拉着他娘和王玉德离开余家坳。

"无不知"她们也跟着说:"就是,俺们冒充你们余家坳的人,你们余家坳不也冒充是俺们王山窝的吗?咱们扯平了,谁也不欠谁的。"

女支书唬着脸,不依不饶地说道:"我们余家坳的人现在在你们王山窝,你们王山窝的人会饶了他们?还不知道会怎样惩罚他们呢?我现在就放你们走了,那我们余家坳不就吃亏了吗?所以你们必须把这点活干完,或者是我们余家坳的人平安回来,你们才能走。"

这时候余家坳的人越汇越多,一些人笑嘻嘻地看着这帮外乡人,吵吵嚷嚷地帮着女支书说话:"就是,得让他们把塘里的苘扒上来,不能便宜了他们。"

也有一些人觉得这样做太过分,就说:"自己的活都懒得去干,怎么好意思叫人家去干,太不仁义了。"

他们的话一说完,就招来了一些人的反对:"怎么是不仁义了?别忘了咱们的人还在他们手里呢,他们王山窝的人,要是骂咱们的人,打咱们的人,那咱们不就吃大亏了。咱们这样做,还是轻的呢。"

女支书见有那么多人支持她,于是就更加张狂起来,她大声地对民兵排长说:"集合民兵,带上枪,把他们看管起来,一个也不让走。"

民兵排长马上一个立正,敬了个礼,也大声地应着:"是。"

然后招呼几个看热闹的年轻人，说："走，跟我去拿家伙。"说完，就连忙跑向大队部。

不大一会儿，他和那几个年轻人，从大队部出来，身上扎上了武装带，其中的两个手里还拎着"三八大盖"。他们来到王玉德这些人跟前，然后平端着"三八大盖"，挡住了去路。

王山窝的这些人走不掉了。"无不知"和那几个女的，看到拿枪的民兵就害怕了，她们央求王玉德那些男人，给他们扒吧，不把苘给扒出来，咱们就真回不了家啦。她们的声音是那么的无助和悲伤，以致传染给了几个十四、五岁的小姑娘，再加上那"三八大盖"上明晃晃的刺刀，她们从来也没见过这样的阵势，仿佛是世界末日来了，精神马上就崩溃了，闭上眼睛放声痛哭起来。

小姑娘的哭声，并没有唤回一些人的怜悯之心，相反还给他们带来了一些快感，他们围着她们，"嘻嘻哈哈"恣肆的笑着，特别是女支书的男人，色迷迷的对身边的一个小伙子说："啧啧，东边的那个脸庞长得真俊，出来要饭真是可惜了。"

那小伙子说："你家里不是有吃的吗？你给她碗饭吃，说不定她就会跟你走了呢。"

一个中年男人接过他的话说："他可想把人家给哄走呢，只是有那个贼心没那个贼胆。"他朝女支书那里望了一眼。

女支书的男人撇了一撇嘴说："别哪壶不开提哪壶啊,你有贼胆你去哄一个咱看看。"

那中年男人很轻蔑地看了他一眼,说："我有贼胆,但没有贼心,你连个小姑娘都不放过,缺德不你。"说完那人就回去了。

五十三、回去

可是就有一些人色胆包天,仗着在自己家门口,恃强凌弱,把那几个小女孩的家人隔离开来,趁势对那几个小女孩不是摸摸脸,就是拂拂腚,其中有一个上身穿着单衣,下身穿着宽大棉裤,脸上黑不溜秋,嘴边还淌着鼻涕的男人,竟然要动手扯掉她们的衣裳,几个小女孩的哭声更加凄惨起来。女支书视而不见,任由这些人起哄、放肆。

余杰也在看热闹的人群中。他听说来了一群王山窝的人后,就急急忙忙地赶了过来,看有没有王强。上次王强来,没有在他家吃饭，他一直是个心病。在王强和余桂兰的关系上，是余桂兰先嫁了人，而王强并没有找对象，在这件事上，他也觉得有愧于王强。如果能见到王强，他一定要王强再到家里来，好好安慰安慰他。当他发现没有王强时，他心里倒有些失落感，同时心里的一块石头也落了地：王强没有出来要饭，说明他家的饥荒还不严重。他不知道，王强的父母和弟弟都在这群要饭的人当中，只是他不认识而已。当他看到队里的"二混子"对那几个王山窝的小姑娘动手动脚的时候，本来懦弱的他，忍不住的发起火来："'二混子'你干什么？要什么愣。"

那个被称为"二混子"的人，停下手，蛮横地瞟了一眼余杰，说："我干什么，管你屁事。"

余杰说："就管我屁事，你这样做丢咱余家坳的人。"

其他人也看不下去，就说："就是的，欺负人家小女孩，你丢不丢人。"

"二混子"仍拉着一个小女孩不放手，嘴里嘟囔道："什么丢人不丢人的，你们饱汉子不知饿汉子饥。"

王玉德见此情景，心一横，用手指着那几个小女孩，愤愤地对女支书说："不就是扒个苘吗？俺们给你们干，但是你们不能招惹她们，要不俺们王山窝的人会和你们拼命。"

女支书被王玉德的气势震了一下，没想到这群饿得半死不活的人中，还会有人敢大声的和她讲话。一想到自己不也叫余家坳的人，冒充王山窝的人吗？心里就不由的一阵发虚，如果闹大起来，让公社、县里知道，她未必能占到多少便宜。好在王玉德他们答应了自己的要求，她也正好借坡下驴。想到这，她对王玉德说："好吧，就按你说得办。"然后她又对"二混子"他们说："住手，八辈子没见过女人是的不？滚一边子去，别耽误别人干活。"

被女支书这么一吆喝，"二混子"等几个流里流气的男人顿时老实了下来。"二混子"松开手，心有不甘地说："只叫他们去扒苘，也太便宜了他们。"

王玉德见那几个小女孩回到了家人身边，就松了一口气。然后把身上的夹袄和鞋子脱掉，把裤子往上辫了辫，又把袖子往胳膊上撸了两下后，对王钢和其他成年男人说："走，俺们把他们的苘给扒上来，早扒上来早回家。"

沤苘的水塘就在大队部门口不远处，不多大，也不太深，里面也没有多少水，只是那些黑黑的污泥浊水，臭气哄哄。一小部分苘杆子露出水面，而大部分被埋在烂污泥中。王玉德和王钢他们跳进水塘，凉浸浸的污泥淹到了小腿肚子，既寒冷又熏人。王玉德他们已经顾不得这些，几步就走到被沤的苘杆子跟前，弯下腰，用手使劲将它们给拽出来，再走到岸边，将它们再撩上岸去。

他们就这样来来回回不停的干着。塘岸边上，王山窝的女人和小孩眼泪汪汪，嘴里不停地咀咒着张支书，叫他们冒充别人受这份罪，早晚要遭雷劈。

余家坳的人当中，一些人幸灾乐祸，"嘻嘻哈哈"地看着王山窝的男人们忙来忙去。另一些人则感到他们可怜，很是同情，但却无可奈何。

天黑下来的时候，还有一些苘没有扒上来，这时余家坳的人从王山窝回来了。他们是一路骂骂咧咧的回来的，说支书这个骚X女人真不是个东西，害得他们在王山窝挨了一阵臭骂不说，还多走了那么多的冤枉路，见了支书恨不得上去搧她两个耳光。可是当他们真见到女支书的时候，一个个又都憋气不吭了。

女支书见到她大队的人回来了，脸上笑得像朵花一样，她走上前去，一手拉着一个人说："你们回来了，我就放心了。真把我担心死了，王山窝的人没有为难你们吧？"

回来的那些人面面相觑，不知道女支书说这话是什么意思，王山窝的人确实也没有怎么他们，所以他们也就照实里回答："没有人为难我们，下了县里的汽车，我们就回来了。"

他们嚷嚷起来的时候，被"无不知"她们听个清清楚楚，于是"无不知"就气哼哼地对女支书说："你们的人回来了，该让俺们回去了不？"

女支书笑呵呵地说："行，行，你们可以走了。"就叫那两个拿枪的民兵把枪收起来，放"无不知"她们回去。

王玉德他们在"无不知"等岸边女人的呼喊下，从塘里爬了上来，没有人给他们打来清水，来清洗满身脏兮兮的污泥。他们步履蹒跚地来到龙河边，就着月光，撩起河水，匆匆擦洗了一下脸和手脚，然后就有气无力的向家里赶去。

春风不暖，月光倒寒。饥饿、疲劳、寒冷折磨着这批逃难的人，他们一路无语，就连呼吸都是那么的轻微，只有"沙沙"的脚步声，宣示着这片寂静的大地上，还有这么一批生灵在活动着。

五十四、饥荒

王玉德回来后就发了高烧，昏迷不醒，滴水不进。家里连吃饭都成了问题，更没有钱给他看病，年老体衰的他没撑几天就死了。出殡那天，面黄肌瘦的王山窝人，已经抬不动王玉德的灵柩，就只好放在板车上，五、六壮小伙子连推带拉，换了好几替人，才弄到王强家的老林地，又费了好大的劲，挖了一个浅浅的墓穴，勉强能将棺木放进去，王强家的老林地，又添了一个新坟茔。

春回大地，万物复苏。这一年，王山窝地里的野菜特别的多。

开着黄黄的、像朵小菊花似的野菜是婆婆丁（蒲公英、黄花地丁），它的花朵在春风里随风摇曳，仿佛在向人们招手：快来吃我吧，我能给你们充饥。开着紫色小花的是金金菜（堇菜、紫花地丁），它也不甘示弱，河畔、山岗是它们生长的沃土，一层层、一片片，是那样的华丽炫目。更多的是朴实无华的香荠菜，在田间地头、道路两旁、房前屋后都能看到它们的身影。它纤细的绿叶，如绒毯般覆盖在地上，郁郁葱葱。本来它们的花期要早于婆婆丁和金金菜，但它们却迟迟的没有开放，好像它们知道，如果它们那如雪的小花一绽放，人们就会感到它们老了，没有了那诱人的芳香，人们就不会光顾它了。它们生长的是那么的热烈奔放，要迫不及待的为人们奉献自己的生命。实际上人们也是在迫切的需要它，不光是没有开花的香荠菜，就是伸着长长的花杆，顶着纯洁无暇的小白花的香荠菜，也成了人们果腹的好东西。地上的吃光了，就开始吃水里的。龙河里的鱼虾早被人们捕净，就连小鱼小虾吃的杂草也都进了人的肚子。

　　王山窝开始有人饿死了，第一个饿死的是原王山窝大队党支部书记、天成的爹爹，小芹的公公、有时候也是丈夫、孩子的父亲，那个叫王渡财的人。正常的人都在想办法，怎样能找到些可以充饥的东西，特别是在有点可以吃的时候，人人都手急眼快扒拉到自己嘴里，谁也顾不上他这个呆头呆脑、笨手笨脚、被人叫做憨子的人。

　　那天，两个女儿出门找野菜去了，小芹带着女儿出来要晒着太阳。饿急了王支书在院子里转圈圈，看见小芹后，就缠着她要吃的。

小芹见晒个太阳也得不到安生,就拿个小铲子,拽着女儿,把他锁在院子里,也出去挖野菜去了。他见没有人搭理他,就自己进了堂屋去翻吃的,坛坛罐罐都是空荡荡的,没有一点可以填肚子的。他又来到东屋厨房里,看到锅台边用来烧锅用的玉米芯,拿起来就啃,啃下来一口,还没有嚼碎就倒在灶台上,咽气了。

王支书在活着的时候,夫妻俩的棺材都做好了。天成先他而去,就用了他的棺材,所以王支书死了,就没有棺材可用了。小芹找人用三块门板对成个三角形,把王支书的尸体紧紧巴巴的装进去,草草埋了完事。王支书死后,王山窝其他有疾病或者年老体弱的人,也相继死去。

这期间地主王宝山也饿死了,准确地说是王宝山自己把自己给饿死了。在已经没有多少食物可吃的时候,他拒绝进食,也拒绝喝一口水,为得是能为晓晓省下一口是一口。他想,他少吃一口,晓晓就能多吃一口,也就多一分活下去的希望。

临终前,有气无力的老地主泪流满面地对晓晓说:"好闺女,俺家对不住你,俺有罪。你到俺王家没过一天好日子,受得都是苦、都是难、都是委屈。你有大量啊,从不说一声、道一句,天大的事你都一个人扛着。俺儿不知修得几辈子的福,娶了你这么好的媳妇,他知足啊,有你这样的儿媳,俺更是知足。"

他歇了歇,又断断续续地说:"现在的这个坎是老天爷爷惩罚咱、老地奶奶不要咱,想把咱王山窝给灭了啊。"

晓晓眼里也噙着泪水,她心有不甘地对公公说:"不是老天爷爷惩罚咱,也不是老地奶奶不要咱,相反老天爷爷和老地奶奶能帮咱的都帮了,是咱们自个儿不争气,鬼迷了心窍,才走上了邪路,自作自受,也怨不得天,也怪不得地。但愿老天爷爷和老地奶奶还会怜惜咱王山窝,助咱王山窝能躲过这一劫。"

王宝山吃力地动了一下头,气若游丝地喃喃道:"俺是等不到这一天了,俺就要去找你婆婆了。俺死不要紧,俺不怕,俺担心的就是你,就剩下你一个人了……"

晓晓劝着他:"您歇会儿吧,别说啦。"

王宝山闭了一会儿眼睛,然后艰难地睁了睁,又接着说:"俺不、不知道你怎、怎么想,俺、俺觉得王强这人还、还行,如果你愿意,你、你就嫁给他……"王宝山终于没有把"吧"字说出来,就再次闭上了眼睛,这回就再也没有睁开。

五十五、如梦似幻

王宝山死了的第二天,队上的人才知道。死人的事在王山窝是经常发生的了，人们司空见惯，已经无所谓了，再加上他又是个地主，更是无人问津了。这下就难住了晓晓，她一个女人家怎么能安葬他呢？

王宝山在解放前比较富有，和穷亲戚没有来往。解放后，穷亲戚成了贫下中农，他成了地主，贫下中农和地主又划清了界限，也没了来往。在王姓的本家中，因为王强身份的原因，他俩可谓是同一个阶级的人，王宝山和王玉德还能扯上几句话，而且晓晓和王强也不生分，王强的娘还曾托人向她求过亲，因此晓晓只有求助于王强把老公爹给埋葬了。

王强和王钢把王宝山的尸体从屋里搬出来，放在铺在地上的芦席上。由于王宝山生前没有给自己准备好棺材，因此怎么入土就成了问题。现在棺材成了很紧俏的东西，别说没有钱，就是有钱也很难买到了。借更是借不到的，你给个老地主，人家避嫌还来不及呢，谁还愿意招惹是非。在一些人眼里，晓晓就是个神经病，他们那些正常的人是不会和神经病来往的。

晓晓要卸自家的门板，被王强拦住了，他担忧地说："你家和别人不一样，没有院子，房屋再没有门，会更加不安全。你要是出了什么事或者家里出了什么事，俺会担心，俺叔也会死不瞑目的。"

王强的话说得晓晓心里暖乎乎的，她理了下头发，对着王宝山的尸体说："爹，都怪儿媳无能，不能好好安葬你，你就多担待些吧。"她就着地上的席子，和王强一道把王宝山的尸体给卷了。王强和王钢又把尸体放在平板车上，拉到晓晓婆婆的坟前，在旁边挖个小坑，把他给埋了。

回来后，晓晓单独把王强留了下来，她洗去脸上的泪痕，平静地对王强说："你嫂子丑不丑？"

王强有气无力的应着："嫂子不丑，还俊着哩。"

晓晓脸上难得的一笑："嫂子老了。"

王强说："嫂子不老。"

晓晓又问王强："你相信人家说得话吗？"

王强问："人家说得什么话哩？"

晓晓不屑地回答道："扒灰。"

王强歇了一会儿，缓过气来。他说："队里的一些人，整天价不是议论这个，就是议论那个，全是见风就是雨，凭空想象出来的，有几个是真的？那些闲言碎语俺是不相信的。"

晓晓说："身正不怕影子斜，头上三尺有神灵。对那些瞎胡扯的话，我懒得去理会。"

王强说："就应该这样，他们那些人，真不知道是怎么回事，你越解释，他们越疑神疑鬼，好像他们说的做的就越对。"

晓晓落落大方地对王强说："你嫌弃不嫌弃嫂子？"

王强没有想到晓晓会这样问他，一时不知道该怎么回答她。

晓晓见王强没有说话，依然静静的对他讲："老的已经入土为安了，我也没有什么可以牵挂的了。我知道我也老了，青春不在，容颜已改。就是目前这个难关能不能过去，我都不敢奢望，说不定过不了几天，我也就会死了。我感觉我这样白白的死去，实在是有点浪费了自己，所以才想到我能为你做点什么，想了很久，我能为你做到的，就是做你的女人，其它我可能就做不到了。就这，我还不知道你愿意不愿意呢？"

王强没有想到，晓晓会是这个意思。他在小的时候，他对晓晓真的是很倾慕的，感觉她就是从另一个世界上来的人，她就像天上的星星，可望而不可求。他幻想着自己的女人如果能有她一半好，他都会心满意足的。当他娘托人向晓晓提亲的时候，他心里一边自卑地认为晓晓是看不上他的，一边又异想天开地想着晓晓会答应的。现在晓晓要主动做他的女人，他没有心理准备，感到太突然，一时更不知道怎么办了，是答应还是不答应哩？

晓晓见王强还没有说话，就以为气氛天太严肃了，王强可能有些紧张，不知道该怎么回答，就笑着对他说："在县城，家里老了人，是件悲痛的事，凡事都要收敛的，更不能有什么非份之想的。

可在咱们王山窝就不一样了，老人去世，是件喜庆的事。要不是现在有饥荒，在正常年景，还要热热闹闹的大办一场呢。我现在早已是个王山窝的人了，所以我才借着这个好日子，给你说这些。你要是不愿意，就当你嫂子我嘴里抹石灰了。你要是心里有嫂子，想和嫂子好，嫂子就做你的女人。"

王强这时心里突然亮堂了许多，他明白了晓晓说得都是真心话，而不是饿昏了头或者是伤心伤过了头。王强心里一阵欢喜，他大胆地拉起晓晓的手说："俺怎么会嫌弃你哩？嫂子在俺心里就和从前一样，一点都没变。你能看得起俺，俺是多高兴哩。"

晓晓也把另一只手放在王强的手上，柔弱地说："你不嫌弃我，我也很高兴，只是怕我这残花败柳辱没了你，我心有不安啊。"

王强用一只胳膊揽过晓晓，把她拥在怀里，憨笑着对她说："嘿嘿嘿，看你怎么讲的，俺在第一次看到你的时候，俺就喜欢你了，俺还在梦里梦见你好多回哩，俺才不会嫌弃你哩。"王强说梦见她的时候，那时他还未成年。在梦里，他以为她就是从天上翩翩而下的仙女，和年画里的一样，她穿的衣服比年画上的仙女还好看。那时的晓晓年轻貌美，住在高墙大院里，深居简出，不是他王强能经常看到的。见得少，接触的更少，因此晓晓在他心目中，愈加神秘，愈加高不可攀。

晓晓长长的出了口气，她攥了攥王强的手，小声地说："你真的想过我吗？"

王强也回应地攥紧了她的手，点点头说："是的，俺又不骗你，那时想你想得可很哩。"

晓晓有点陶醉的说："你想要吗？"

王强不知道她所说的要是什么意思，觉得应该不是件坏事，就使劲地点点头。

"那我现在就给你。"晓晓说着，就松开攥着王强的手，慢慢地解开自己小薄袄的扣子，又把胸前的内衣解开，晓晓一对白白的乳房就暴露在了王强面前。晓晓已经三十多岁了，由于长年的劳作，脸晒黑了，皱纹多了，手也变粗糙了，表面看上去，和农村的二黄老妈妈相差无几了。可她身上的肌肤，变化却不是多大，依然较为白皙。她的腰身在饥一顿饱一顿的生活中，也没有太多的变胖，基本保持着年轻时的身材。

五十六、王强和晓晓

这是王强第一次看到成年女人的身体,他感觉自己就像进入了仙境,在和自己梦中的仙女相会。他用手抚摸着晓晓柔软而还有些坚挺的双乳,感到从来没有过的幸福。他有些兴奋,想和晓晓融化在一起,可是营养缺乏、体力透支的他,却是心有余而力不足。

晓晓安慰他说:"别急,你太累了,好好休息一下,我去给你弄点吃的。"

晓晓从王强怀里站起来,王强恋恋不舍地将手从晓晓的乳房上垂下来。晓晓扣好内外上衣的扣子,然后亲了一下王强,到锅屋里去给王强做吃的去了。

所谓吃的,就是用糠和野菜揉在一起,弄成的糠菜团子。老地主看到仅剩下的小半口袋麦糠,老泪横流,为了能让晓晓活下去,说什么都不愿意再吃一口,这里面就有王宝山用生命省下来的一部分。现在,晓晓为了让王强尽快恢复体力,去体验到男女之欢,就将那小半口袋麦糠用去了一大半,只剩下了一点点。她没有掺多少野菜,就搦成了几个大大的麦糠团子,放在锅里,点上火,慢慢地蒸起来。

半饥不饱的王强将王宝山埋葬好，又和晓晓激动一番，早就疲惫不堪了。晓晓离去后，背朝后面的墙上一靠，头一歪，坐在板凳上就睡了过去。

晓晓锅底生着火，起身来到堂屋，看到王强"呼呼"睡得正香，怕他冻着，就悄悄的拿了一件王宝山用过的棉袄给他盖上，然后又悄悄的回到锅屋，继续烧她的火。晓晓的麦糠团子还没有蒸熟，王娟和她娘就来了。

王娟的娘手里拿着用笼布包成的一个小兜，里面放着两个用红芋面、麦糠和野菜混合做成的窝头，她见到晓晓说："你爹走了？"

晓晓"嗯"了一下，就连忙给她跪下，磕了个头。王娟在旁边将她搀扶起来，眼睛也红红的。

王强的娘从笼布里拿出一个窝窝头，递给晓晓说："赶紧趁热吃一个吧。"

晓晓没有接，她推辞着，说："我有东西吃，锅里正蒸着呢，还是给王强吃吧，他是又累又饿。"她把王娟的娘和王娟让到堂屋里。

王娟看到哥哥的睡相，想笑没敢笑出来，她上前想推醒王强。王强休息了一会儿，精力有所恢复，朦朦胧胧中，他以为是晓晓，就抓住王娟的手，呓语道："好晓晓，让俺再睡会儿，睡好了咱们再……"

王强的话把王娟和晓晓都闹个大红脸。王娟终于没有忍住，笑了出来。她一边"嘻嘻"笑着，一边使劲将王强摇醒，说："再什么再，赶紧醒醒，咱娘给你送好吃的来了。"

王强睁开眼睛，见是王娟，连忙松开她的手，看到娘和晓晓也在旁边，不好意思挠了挠头说："俺以为是嫂子哩。"

听了刚才王强的话，王强的娘心里一阵高兴。她拿出一个窝窝头，递给王强，说："把它吃了。"等王强拿了后，她又把剩下的一个，递给晓晓："你也得吃一个，吃吧，听话。"

晓晓不好再拒绝，只好接过来，拿在手里。

王强的娘心里甜滋滋的，她拉起晓晓的另一只手，笑容满面地对她说："你爹不在了，你要自个照料好自个了，往后有什么事，尽管给你婶子和王强讲，只要俺们能做到的，都会帮你的。"

王强娘的一番话，把晓晓说得暖暖的，好像这一辈子从来没有人对她说过这样的话。她上前抱住王强的娘，头低在王强娘的肩膀上，"呜呜"地哭了起来。

王强的娘眼睛也湿润起来，她拍着晓晓的后背，哽咽着对晓晓说："俺闺女，你受了好多苦，俺知道。"

两人哭了一阵子，晓晓舒服多了，这才想起该让王强的娘和王娟坐下。

王强的娘擦了擦眼泪，说："不啦，你赶紧吃窝头吧，都凉啦，俺走了。"说完，对王娟说："咱们走吧。"

王强起身也要跟着回去，他娘拦住他说："你叔不在了，你嫂子这里可能还有其他事，她不一定能忙过来，你帮她料理料理再回去。"

王强实际上也不想走，见他娘这么说，正好借坡下驴，连忙应道："好好，俺帮他料理完就回去。"

晓晓自然也明白王强娘的意思，就说："大弟已帮我干了不少活，以后还得经常要麻烦他的。"她把王娟娘俩送到路上，王强的娘说："你赶紧回去吧，你锅里还煮着东西哩。"

晓晓回到锅屋，感觉麦糠菜团子应该熟了，就掀开锅盖，也不怕烫着急急拿了两个，连同自己刚才没吃的窝窝头，放在碗里，端进堂屋，给王强吃。

王强早已把那个窝窝头吃完，正瞅着正面墙上的年画发呆。见晓晓笑盈盈地端着热气腾腾的麦糠团子进来，也裂着嘴笑了起来。

晓晓进来后，随手将门给关上了。来到王强跟前，把自己没吃的窝窝头拿给他，王强没有接。晓晓又柔声细语地说："吃了好有劲。"

五十七、向往大海

王强将晓晓拉过来，让她坐在自己腿上，然后拿起一个糠菜团子，高兴地说："俺吃这个，吃了这个，俺也有劲。"他咬了一口，故意装作很好吃的样子，大口嚼了起来，他边嚼边催促晓晓把那个窝窝头吃了。

此刻的晓晓感到既饥饿又舒心，她往边上探了一下身子，将碗放在附近的桌子上，然后用一只手搂住王强的脖子，另一只手拿着窝窝头，慢慢地吃起来。

麦糠团子远不如窝窝头好吃，它既苦又刺嗓子眼，但肚饥好下饭，王强三口两口就将它吃了啦。一个窝窝头和一个大糠菜团子，是他在饥饿以来吃得最多的一回。他的体力恢复了一些，欲望也增加了。他搂紧了晓晓，让自己平静了一会儿，也好让晓晓把窝窝头吃完。

晓晓在他怀里，很快就将那个窝窝头吃完，这时她就像个小女人，软软的瘫了下来，她用手摸着王强消瘦而又发黄的脸，闭着眼睛，等着王强去亲她。

王强伏下头，喘着粗气，将自己的大嘴贴在晓晓的嘴唇上。他一边亲她，一边解开晓晓胸前的纽扣，握着她两个软软的乳房。他使劲地揉搓着，努力的想使自己尽快地兴奋起来。

晓晓在他揉搓下很兴奋，她不停地呻吟着，身子一颤一颤的。晓晓已经很长时间没有接触过男人的身体了，她这个年龄，正是人们常说的"三十如狼，四十如虎"的时候，由于食品短缺，她的身体很虚弱，女人的每月一次也没了踪影，可她对男女之欢依然很向往，特别是和喜欢自己的男人在一起，她的欲望之火还是被点燃了起来，她也在热烈地回应着王强。可是在她的感受中，王强依然是软绵绵的，她不停地给王强刺激着，希望它能像他的名字一样，坚强起来，可是好大一会儿，都没有达到她想要的程度。晓晓想可能是穿着衣服的缘故，没有肌肤相亲，他不能兴奋起来。于是，她对王强说："咱们到床上去。"她从王强怀里滑落下来，拉着他来到自己睡的床前。她拉开床上破旧的被子，脱掉上衣，然后坐在床上，退掉鞋躺好后，一抬屁股，把自己的裤子连同里面的小裤衩也脱了下来，赤裸裸的晓晓，就像一个被开水烫过后，刮净毛了的小猪，白白净净的映入了王强的眼帘。

少年时期，晓晓美丽、青春的模样，像刻在石头上的图案，不可磨灭的印在了他的脑海里。在他的记忆里，他曾经想象着晓晓没有穿衣服是什么样子的。随着时间的推移，他见到晓晓的次数越来越少，而和小芹的接触则越来越多，因此他对晓晓的想象就换成了朱小芹，特别是在他长大成年以后，这种遐想与日俱增，白天对小芹向往，晚上睡觉做梦，就梦见和小芹在一起，醒来后，才知道是美梦一场。

命运真能捉弄人，经常梦到的小芹，成了别人的媳妇，并且还反目成仇。早已不再进入他梦境的人，反而真实而又鲜活的呈现在他目前。

王强也脱光了自己的衣服，上床后，他怕冻着晓晓，就把被子拉过来，盖在两人身上。

晓晓搂住王强，努力的想象着和丈夫以前如鱼得水、颠鸾倒凤的甜蜜时光，想让他进入她的身体，可是她痛苦的感觉到，想飞翔的蝴蝶张不开翅膀。

折腾了好大一会儿，王强的头上沁出了点点汗水，两人都没如愿。他懊恼地自责着："俺这是怎么了？俺怎么不是个男人了？"

晓晓安慰着他："不怪你，是咱们心太高了，咱们饭都吃不上，怎么能做好这事。你不是个男人，我也不是个女人了，没有让你高兴。"

王强长长的叹了一口气，对晓晓讲："俺以前不是这样的，俺觉得有使不完的劲哩。"

晓晓相信王强说得应该是真的，不是为了掩饰自己的萎靡而编出来的瞎话。她能想象出来王强在丰衣足食的情况下，威武雄壮的男人气概。现在食不果腹的他，能保住一条性命、苟延残喘的活着，就已经是福大命大了。

王强的肚子"咕咕噜噜"的响了一阵，晓晓说："你还是太饿了，我去给你烧个野菜汤喝，你再把剩下的菜团子吃了，你就会好了。"她穿上衣服，从床上下来，理了理头发，拉开堂屋的门，走了出去。

忙活了半天，无功而返。王强在床上躺了一会儿，感到歇息的差不多了，就想起来去看晓晓做饭。他穿好衣服，脚刚一落地，就两眼金星乱飞，头上一阵眩晕，差一点栽倒。他连忙用手扶着床沿重新坐下，像是丢了魂魄一样，身子轻飘飘的，如坠雾里云端。上半天在埋王宝山的时候，他就有过一阵这样的感觉，他强忍着，没有让王钢和晓晓察觉出来。坐了一会儿，他感觉好了，就去找晓晓。

晓晓做饭的所谓锅屋，就是在主房西边的屋檐下，搭得一个小庵棚，里面支上灶台，放置了水缸和锅碗瓢盆。

王强进去后，晓晓已经把野菜汤快烧好了。她拿过一双筷子，又拿起一个麦糠团子，慢慢地将筷子从中间穿过去，然后交给王强，叫他放在炉门口烤烤，烤热了再吃。王强照她说的去做后，她从锅里舀了一碗野菜汤，放在灶台边，让王强冷冷再喝。

饥肠辘辘的王强等不及，他一边烤着麦糠团子，一边向碗沿吹了吹，就势喝了一口。咽下后，他对晓晓说："你烧的野菜汤好喝哩。"

晓晓问:"怎么好喝的?"

王强说:"真有味哩。"

晓晓笑了,说:"是有味,是苦味。你饿了,吃什么都香,喝什么都甜。"

王强将烤热的团子,一瓣为二,递给晓晓一块,自己吃一块。他边吃边说:"俺是说有盐味,俺家都好长时间都没有吃盐了。"

晓晓说:"怪不得你没有劲呢,人不吃盐不行,人就得用盐腌着才能活。你多喝些吧,好好补补。"她给自己也舀了一碗野菜汤,两人都饿极了,也顾不得多说话,默默地吃着。

麦糠团子和野菜汤被他俩吃得喝得一干二净。王强抹抹嘴说:"俺都给你吃完了,你以后怎么办哩?"

晓晓的体力也恢复了不少,精神也爽快了,对于今后,她也不再想那么多,就说:"过一天是一天,活到哪算到哪。如果我死了,你不用埋我,你把我扔进龙河里就行了,漂得越远越好,要是能漂进大海,那我就是进了天堂了。"

其实晓晓知道,龙河的水是流不到海里去的,它最终是汇入了一片湖泊,就是那片湖泊也成了晓晓心目中的大海。

五十八、救济粮什么时候来

王强说:"俺要是比你先死了咋办?"

晓晓答道:"我就把你给埋了,然后我就跳龙河,让龙河为我送终。"

王强不解地说:"你都是俺女人了,你怎么不和俺埋在一块哩?"在王山窝,夫妻俩死后,是要埋葬在一起的。

晓晓看着憨厚的王强,学着他的口气说:"俺是你的女人,可俺也是俺丈夫的女人。你俩都在这儿等着俺,俺去了,俺怕你俩把俺给劈开分了,俺在阴曹地府也不能落个全尸,那可咋办?所以俺还是漂得远远的好哩。"

王强被晓晓的模样给惹得大笑起来,欢笑之中,他很开心地打了个饱嗝。这时他忽然感到自己的下面有了变化,他连忙像过年似的对晓晓说:"俺可以了哩。"

晓晓也很兴奋地说:"咱们到床上去吧。"

王强在晓晓的引导下,终于成了一个真正的男人。

完事后，两人都瘫软了下来。被窝里，两个赤裸的身体紧紧地贴在一起。晓晓抚摸着王强瘦骨嶙峋的身子，突然像是想起了什么，问他："你家怎么还会有窝窝头啊？"

王强长长的出了一口气说："是张支书送的。"

晓晓奇怪了，她不解的问道："这太阳从西边出来了，都是人家社员给他送，他怎么会反过来给你家送呢？"

王强把手放在晓晓的胸前，慢慢地说："俺爹从余家坳回来不就病了吗？这张支书好像心里过意不去，就送来一小袋红芋面。也是的，如果不是他叫俺爹他们冒充余家坳的人，怎么会没了哩。"

晓晓若有所思地点点头："这张支书还算是良心发现。"

"俺爹就是让他给害死的啊。"说到这些，王强仍然悲愤不已。

"主要还是余家坳那个女人给害的，她要是不叫你爹他们去扒苘，你爹也不会过世的。"晓晓分析着说。

提到余家坳的女支书，王强像个女人似的，诅咒起来："她真是蛇蝎女人，她不得好死，她和她男人就陷害过余桂兰，把余桂兰害苦了。"

晓晓问他："余桂兰是谁？"

于是王强就把自己和余桂兰的事一五一十的都讲给了晓晓听。

晓晓听后，替他惋惜地说："你错过了一个好女人。"

王强同意的点点头："是的，她人好善良的，所以她才受人欺负。"过了一会儿，他亲了一下晓晓，很满足的说："旧的不去，新的不来。俺和她成亲了，就不能和你好了。"

晓晓撒娇地扭了王强一把："你说错了，应该是新的不去，旧的不来。和她相比，我是破衣裳，她是新衣服。"

他们说着、搂着、亲着。不知不觉，王强的肚子又"咕噜"的叫了一声，有点迷糊了的晓晓说："你放屁了？"

王强说："不是，还是肚子叫的。"

晓晓扭头看了一眼窗户，见光线暗了下来，就说；"天要黑了，你该回去了。"

人是一盘磨，睡倒就不饿。为了能节省食物，王山窝人晚上是不吃饭的，天一黑就上床睡觉，人一睡着了，就不感觉到饿了。

王强依依不舍得离开了晓晓，他回到家的时候，大门已经从里面栓上了，给他开门的是他娘。

王强的娘说："都觉得你不回来了哩，就没有给你留门。"

王强的脸"蓦"地红了，好在天黑，他娘看不清。他"嘿嘿"一笑，掩饰地说："怎么能不回来哩。"

王强的娘和王强怕影响了王钢和王娟睡觉，就停在了院子里。王强的娘说："晓晓她太可怜了，她往后该咋办哩。"

　　王强说："就是的。咱家还有红芋面吗？她家的那点麦糠，大都叫俺给吃了，只剩下了一点点。"

　　王强的娘叹了一口气说："哪还有了。晌午的时候，都做成窝窝头了，总共五个，俺和王钢王娟一人吃了一个，剩下的两个，不是给你俩送去了吗？"

　　王强担忧地说："这往后咋办哩？"

　　"张支书今天又到公社去要救济粮了，还是白跑一趟。"王强的娘沮丧地说。

　　提到张支书，王强又来了气："秋上缴公粮的时候，他恨不得把坷垃头子都当成粮食缴上去。现在好了，连西北风都喝不上了。"

　　王强的娘说："救济粮再下不来，咱们都得走你宝山叔的路。"

　　王强想起晓晓说的话，就安慰他娘说："过一天是一天，活到哪算到哪，说不定哪天救济粮就来了。"

　　王强的娘听他这么一说，不但没有宽心，反而万分伤心地说："不知道咱们可能活到发救济粮的那一天。"

……

五十九、晓晓之死

王强的娘和王强活到了发救济粮的那一天,可朱贵没有活到。他是在晚上睡觉时,不知不觉中睡过去的。懒惰的朱贵在生前以为自己能活得时间长着哩,没有给自己准备棺材,死后就没有东西盛放他。小芹的娘就叫朱朝阳兄弟两个,把他的尸体放在院子里,他们没有那个力气把他送到祖坟地里去,央求别人帮忙,可朱贵夫妻两个平时仗着王支书的势力,不把其他社员放在眼里,自认为高人一等。别人家有事,他俩是不屑一顾。特别是最近,别人家死了人,他家也不伸个头,去瞧瞧,更不用说帮着出个体力活了。现在轮到他家有事了,因此没人肯来他家帮忙。其实就是有人不和他家一般见识,也是有心无力。此时王山窝的人,几乎个个都是自顾不暇,命悬一线,浑身没有四两的劲,已经经不起大来往了,如果多动些力气,说不定下一个死的就是自己。搁了两三天,眼看尸体要臭,朱朝阳这才在院子里扒个小坑,勉强把朱贵给埋了。

灾荒终于过去了。可是发救济粮的那一天,却成了王强娘的忌日。那次发的不是生面,而是大白馒头,大人发两个,小孩发一个。很多人在领到馒头后,就狼吞虎咽地吃起来。王强的娘也不例外,她一手拿一个馒头,咬了一口还没等到咽下去,就去咬第二口,结果堵塞了食道，竟活活地噎死了。

晓晓成了王强的女人，但却不愿意说是王强的媳妇。她说她只是她死去丈夫的媳妇。

王强听了感到好笑："你给俺洗衣服做饭，跟俺睡觉，不就是俺媳妇吗？"

可晓晓自有她的道理："我是你的女人不错，我不光要给你洗衣服做饭，跟你睡觉，如果咱们能生孩子的话，我还要给你生个小孩呢。但是我不能和你登记结婚，不和你结婚，怎么能是你媳妇呢？"

王强明白了，晓晓还放不下她死去的丈夫，好像她这辈子就只能是那个人的媳妇，她虽然在尽着另一个人媳妇的职责，那也不在名义上再是这个人的媳妇。王强想放不下就放不下，他都下地窨子多少年了，大概骨头都沤糟了，对俺还有个屁的影响。只要能和俺好好过日子，知热知冷，还要个什么名义不名义的。

王强要晓晓搬到他家去住，晓晓没有答应，对他说："我在老地方住习惯了，换了新地方不适应。"反而要王强搬到她这儿来住，把他的房子让给王钢，为王钢将来结婚娶媳妇用。

王强见晓晓既大义：不和王钢争房子，又大气：连人带东西都送给了他，这让他着实感动了一番。

晓晓和王强吃饭、睡觉和干活都在一起，这让队上的长舌妇们兴奋了好长一段时间。能吃上饭了的她们，精力也旺盛了起来，一看到王强和晓晓在一起，她们就会很自然的唧唧喳喳重复着无数遍的话："鱼找鱼，虾找虾，乌龟找王八。"

第二年的春天，晓晓怀孕了。叫人没有想到的是，这年夏天，暴雨特别多，山上的洪水夹杂着泥沙，冲进了龙河里，龙河水暴涨。在一个电闪雷鸣、暴雨如柱的夜晚，龙河水冲开了一段堤岸，冲进了王山窝。"哗哗"的暴雨声和"轰隆隆"的打雷声，掺杂在一起，淹没了洪水的咆哮声。晓晓家由于没有院墙的阻挡和缓冲，河水直接涌了进来。等到晓晓和王强发现时，床前的鞋子都已漂了起来。

王强扶着晓晓困难的坐起来，由于洪水的冲击和浸泡，并不怎么坚固的老村部，墙体出现了倾斜，这时王强听到房梁"吱吱嘎嘎"的响了起来，他马上意识到房屋要塌，他对晓晓喊道："不好了，房子要倒。"说完，就很吃力地抱着晓晓朝屋外奔去。

刚刚跨出门来，房墙就"咕咕噜噜"的塌了下来，房梁连同房上的瓦块，"轰隆"一声砸到了泥水里。王强的后背不知是被石块或瓦块击中了，一个趔趄，连同晓晓一同倒在了水里。

晓晓经这么一个波折，得了大出血，怎么也没有止住。这个在王强心中无比狰狞的夜晚，不但毁了他和晓晓共同的家园，就连晓晓的生命也给剥夺了，并且是一尸两命。

王强并没有按照晓晓的意思，把她丢进龙河，而是把她葬在了自家的老林地里。他认为晓晓就是他家人，就是他媳妇，就应该和他们王家人在一起。他还嘱咐王钢、王娟，他死了，就把他和晓晓埋在一起。

没有多久，王钢和王娟同时结婚了，先发嫁，后迎亲，他们是和别人家换亲的。王钢瞎了一只眼，被人称为"独眼龙"，不好说亲，"无不知"就给介绍了吴庄集的一户人家，他们是姐弟俩，弟弟一脸的麻子，也是不好说媳妇。换亲使两家都省了一份彩礼，同时喜事也少办了一场，对王强这个兄长来说，既省钱又省心。但是在王强心里，却是隐隐作痛的，他认为自己既连累了王钢，使他失去了一只眼睛；也对不住王娟，王娟嫁了一个她不称心如意的人，她受的委屈和作出的牺牲不比他王强小。

六十、看电影

王强自晓晓死后，就再也没有心思去找别的女人，他觉得已经没有第二个女人能代替晓晓了。光阴荏苒，日月如梭。不知不觉到了一九七五年，这年的一天，王强去县城看了一场电影，电影是朝鲜的，名字叫《金姬和银姬的命运》。当他听到有这个朝鲜电影的时候，不由的勾起了他对朝鲜那段改变他命运往事的回忆，他想起了金姬，他琢磨着朝鲜怎么会拍她的电影哩？他猜想电影里的金姬不会是他认识的那个金姬。因为他知道，在朝鲜，叫金姬的人一定很多，就像在中国，叫王强的人也一定很多一样。但是他还是想去看看，万一是他认识的那个金姬哩？她现在怎么样了？他是很想知道他们离别后，金姬的命运。

王强坐汽车赶到县城，本想看白天放的那一场，可是车在途中坏了，司机修了半天才修好，等他来到电影院，电影都快结束了，他只好等着看晚上的那一场。他知道散电影后，他要么在县城住一宿，明天再搭车回去，要么晚上赶夜路，走着回去。王强决定晚上不睡觉，还是回去，他不怕走夜路。到家后再睡觉，反正白天也没有多少事要做。

电影里的金姬，果然不是他认识的那个金姬。他不知道他认识的那个金姬是不是也和电影里的金姬一样，有个幸福美满的生活，同时他也为银姬悲惨的命运感到忧伤，真心希望北朝鲜早日解放南朝鲜，让银姬也过上和金姬一样的幸福生活。

电影散场了，王强起身离开坐位。此时他的思绪不在电影上，而是回到了他从美军战俘营回来，听朝鲜领袖和志愿军首长讲完话后，起身离开坐位去厕所的时候，金姬拉住他的情景。在那时，他见到了金姬，那是他和金姬最后见面的时刻。

王强边随着人流向前挪动，边沉浸在往事的回忆中。就在这时，也有人拉了他一下，把他拉回到现实中来。他回头一看，一个年轻漂亮的女孩旁边，站着一个既不太胖也不太老的妇人，正笑盈盈地看着他，问道："你是不是王强？"

虽然只是看一眼，王强也认出她来，这位妇人，竟是余桂兰。

余桂兰嫁进县城后，并没有彻底忘记王强，她和王强的相识和相知，是异乎寻常的，虽然只有短短的一天，也使她终身难忘。

本来她并不怎么喜欢看电影，说既不管饱，也不管饿，看不看都无所谓。但如果放朝鲜电影，她就是必看的了，因为有一个在朝鲜打过仗的人，曾让她爱得很深很深。她的心思顾田知道，结婚后她告诉了他，她为什么要砍掉那棵柿子树。顾田听后，唏嘘不已，他说："无辜的柿子树，砍得可惜。我怎么感觉到你那天反常，没想到啊，你还是个痴情人呢。"

余桂兰就笑他："我还没你痴得很呢，有事没事都往我家里跑，谁能比得了你。"

顾田得意地说："那是、那是，我的痴心得到了我所要的，你的痴心被大风刮跑啦。有句话是怎么说的？痴情女子碰上了负心汉。"

余桂兰摇摇头说："你说错了，我不是什么痴情女子，我现在还不是被你哄了去？他可能也不是什么负心汉，他不来找我，肯定有他的难处。"

这句话后来得到了验证。一次回娘家，余杰告诉她，你出嫁没有多长时间，王强就到家里来了，并且还被民兵排长打了一个耳光。他之所以那么长时间没来找你，主要还是怕再给你添些不必要的风言风语。余桂兰听了，只剩下无可奈何的份了。而顾田听了，则是一阵庆幸，心想：好悬啊。

可是他们的女儿就不知道这些事，她每次都和余桂兰一起去看，她以为爱说爱笑的人，都喜欢看朝鲜电影。

余桂兰就纳闷了，说："爱说爱笑的人，怎么就喜欢看朝鲜电影呢？"

她女儿就告诉她："这叫臭味相投啊。你没听人家讲吗？苏联电影是打打闹闹，越南电影是飞机大炮，罗马尼亚电影是搂搂抱抱，阿尔巴尼亚电影是莫名其妙，朝鲜电影就是哭哭笑笑喽。"

余桂兰听她这么一讲，想想还真是这么一回事，就笑了起来，而后就又问她："你说得都是外国电影，那中国电影是什么呢？"

余桂兰的女儿不假思索地说："新闻简报。"

这下余桂兰笑得更厉害了，边笑边说："这谁编得呀，还怪准的。真是的啊，每次放正片前，都要放一大堆的新闻简报。"笑完后，她没有告诉女儿她喜欢看朝鲜电影，并不是爱看里面的哭哭笑笑，倒是想沾上点"臭味"，以和王强"相投"。

这次看电影，也是她女儿陪着她来看的。在这场电影开始放映之前，余桂兰就发现，坐在她前几排座位上的一个人像王强，她想起身到跟前去看个仔细，而这时灯灭了，电影就开始放映了。余桂兰只好作罢，只有等电影结束了，再去找她。真是出乎她的意料之外，这人真的是王强。

那天晚上，余桂兰看到依然消瘦的王强，没有让他回去，要他到她家里去住下。王强没有答应，说："不能麻烦你，俺在旅社随便住一宿就行了。"

余桂兰知道王强的意思，怕顾田产生误会，就说："那好吧，就住旅社。"她和女儿一道，将王强送到工农兵旅社，安排好后，就已经很晚了，她和王强告别："明天我和顾田再来看你，中午一定要在我家吃过饭再走。"

王强说："你不要来了，你忙吧，俺明天一早就回去的。"

余桂兰笑着说："慌着回去干啥？你难得来一回，在县城遛遛逛逛，散散心吧。明天我们如果来得早，就陪你一起遛，咱们难得见一次，你明天一定等我呦。"说完就和女儿离开了旅社。

王强还是没有等余桂兰，一大早就回去了。临走他安排服务员说："如果有人来找俺，就说俺走过了，不要再等俺了。"

王强的身体越来越虚弱，他没有捱到给他平反的那一天。他死后，王钢把他紧挨着晓晓的坟给埋葬了。

六十一、张志探亲

一九八八年的冬天，王山窝下了一场大雪，大雪掩埋了大地上的坑坑洼洼。雪虽然停了，但天空并没有放晴，依然灰蒙蒙的，天地之间白茫茫的一片，好像是天地在紧密相连。

北风呼呼地刮着，室外寒气逼人，但在县委招待所餐厅包间里，却是暖意融融。溪水县的县长、吴庄乡的乡长以及王山窝村的村长等一干人，正和从台湾回来的张志父子推杯换盏。

县长对张志感慨地说："命运真会捉弄人啊，以前都以为你在朝鲜战场上，壮烈的牺牲了，是我们溪水县的大英雄。不成想老天保佑，你不但死里逃生，而且由大英雄变成了大老板了，实在是贵人自有天助。"

乡长也忙着附和道："对，对。你真是福大命大啊。"

张志不以为然地摇摇头，虽然是慢声细语，但仍然乡音不改地说："俺哪里是福大命大呀，俺在台湾也吃了不少苦的。你想想，俺孤身一人到那里，一切都是白手起家，风风雨雨也淌了不少，能有今天，也是没有想到的。"

县长说："那是、那是，天上是不会掉馅饼的。每个人要想成就一番事业，都必须经过大风大浪的磨难，要不怎么能见到彩虹。"

大家被书记幽默诙谐的话语逗笑了。乡长向王山窝的女村长使了个眼色，要她向张志敬酒。这女村长就是朱小芹的女儿，叫王霁霁。她三十多岁，精明干练，白白的肌肤，散发着成熟女人的魅力。看到乡长的示意，她连忙站起来，端着酒杯笑吟吟地对张志说："您一路风尘仆仆来到大陆，真是太辛苦了。俺们王山窝是非常好客的，欢迎您到俺那里去看看。今天俺先借花献佛，敬您一杯。"

张志端起酒杯，也慢慢地站了起来，准备和王霁霁碰一下酒杯。这时县长却拉了张志一把，等张志坐稳后，县长笑着对王霁霁说："小王主任，你说错了，张老板可不是你们王山窝的客人，他从小就在王山窝长大，他可是地地道道的王山窝人。"他把脸转向其他人，接着说："她说错了，该罚她酒吧？"

其他人连忙嚷嚷着："该罚、该罚。"

王霁霁依然笑吟吟地说："也是，在领导面前，俺就紧张，俺一紧张就不知道该怎么讲了。"她又对张志说："真不好意思，您是俺老乡，俺却把您当成外人了，俺认罚。"说完就一昂脖子，把杯中酒一干而尽。喝完，她拿过那瓶"五粮液"，给自己斟满，再次端起来，要敬张志。

张志再次站起来，慢慢端起酒杯，说："这杯子太大，俺酒量不行，俺就少喝点吧。"

他这样一说，除了他儿子以外，满桌的人都不相信：不会喝酒怎么拉关系呢？没有关系怎么做生意？做不了生意怎么能当上大老板呢？

王霏霏看了看众人，说："老爷子身体那么健康，这点酒肯定是不在话下的。"

张志的儿子马上接过她的话说："我父亲的确不能喝酒，他平时是滴酒不沾的。今天回到家乡，心里高兴，这可是开了戒的。"

王霏霏还想坚持要张志多喝些，旁边的县长打了个圆场，说："小王主任干了，老爷子随意。"

王霏霏说："好吧。"又"咕咚"一下，把杯子里的酒喝个底朝天。

张志抿了一下酒，然后又很认真地看了看王霏霏，说："谢谢你啦。看见你，使俺想起了一个人。"

王霏霏显得很在意地说："是吗？想起了谁哩？"

张志说："以前王山窝村的村长。"

王霏霏说："您还认识俺们村以前的村长？他是谁哩？叫什么

哩？"

张志说："他叫王渡财哩。"

王霁霁笑了，她说："他是俺爷爷。"

乡长脸上露出一丝不易被人察觉的笑意。他听人说过，王山窝村漂亮的女主任，是老公公和儿媳妇的产物，她爷爷实际上应该是她的父亲。

县长不失时机地插上话来："看看，王老板连你爷爷都认识，越说越近了。"

张志说："俺说你长得和他那么像哩。"他转头对县长说："可不是越说越近吗？俺参军的时候，多亏了她爷爷帮忙，要不是她爷爷帮忙，俺就当不了兵，也就不会有今天了。"张志没有告诉大家王霁霁的爷爷帮的他什么忙，然后他又问王霁霁："你是王村长的孙女，那你就是王天成的闺女吧？"

王霁霁点点头，说："是的。"

张志又问道："俺和你爹经常在一起玩耍，你爹为人忠厚的很，他现在还好吧？"

王霁霁回答道："俺爹在俺很小的时候就去世了，俺都想不起来他是什么样子的了，是俺娘一手把俺拉扯大的。"

张志"哦"了一声，说："是吗？你娘真不容易啊。"接着他又问道："你娘是谁？俺可认识？"

王霁霁看着张志，想了想说："您认识的，俺娘叫朱小芹。"

张志没有想到，坐在他面前的是朱小芹的女儿。他不由的想起了王强，于是脱口而出地说："朱小芹俺当然认识，俺还认识王强哩。"在他的脑海里，朱小芹是王强的媳妇，怎么变成了王天成的媳妇？真是叫人不可思议啊。

王霁霁说："王强是谁？俺以前好像听说过这个名字，现在想不起来是谁了。"

一会子没有说话的县长，这时招呼着张志："咱们别光顾着说话，先吃点，边吃边聊，以后您在我们这儿投资办厂，有的是时间，那时小王主任会给您仔仔细细介绍所有情况的。我们这儿穷山恶水的，是全国的贫困县，没有什么好招待您的。"他指着一盆老鳖汤说："只有这王八是咱龙河里土生土长的，您尝尝，如果招待不周，您还得多包涵些。"

招商办主任接着说："就是、就是。咱们县可就等你来改变贫困面貌呢。这个是鲍鱼，很新鲜的，据说是从东北大连空运过来的，您也尝尝。"

张志望着满桌子的美味佳肴，由衷地说："能为家乡做点事，是应该的。你们太客气了,这也太丰盛了,大家一起吧。"

品尝了一下菜味后,王霁霁和张志的儿子也干了一杯,然后倒满酒,端着对县长说:"俺敬过客人该敬领导了,俺先干一个。"还没等县长发话,她又把酒喝完了。

乡长"嘿嘿"一笑说:"和咱们领导干,哪能只干一下呢?"

王霁霁也"嘻嘻"地笑起来,说:"领导在上俺在下,您说干几下就干几下。"

其他人也笑声一片,齐声赞扬道:"还是咱们王主任利索、爽快啊。"

县政府办公室主任说:"你和县里的领导干过了,也得和乡里的领导干啊。"

王霁霁依然笑盈盈地说:"行、行,俺和您们领导都干几下,不过您们要一个一个的上啊,如果一哄而上,俺可招架不住哩。"

酒桌上,除了张志父子,其他人都笑成了一团。

张志知道他们为什么那么放肆的笑着,他心里牵挂着王强,不知道他现在怎么样了。张志没有想到,作为王山窝村主任的王霁霁竟然不知道有王强这个人。当他酒足饭饱、坐着"奥迪"来到王山窝的时候,他才知道王强已经死了好多年了。

王霁霁不知道王强埋在什么地方,就叫王钢领着来到了王强的墓前。王强小小的坟茔被积雪给覆盖了,不是王钢的指点,别人很难找到。

张志用手扶着拐杖,默默地看着那微微隆起的雪堆,多少年前的那场离别,不但使他们天各一方,断了音信,更没有想到,王强会那么快的成了地下的鬼魂,阴阳两界。他的眼睛湿润了,他微微地阖上眼帘,脑海里突然一阵轰鸣,耳畔响起了一首曾经熟悉而又使他热血沸腾的歌曲:

"雄纠纠,气昂昂,

跨过鸭绿江,

保和平,为祖国,

就是保家乡,

中国好儿女,

齐心团结紧,

……"

歌声久久的不愿离去。好长时间他才掏出手帕,拭了拭眼睛,而后对陪同他的县、乡、村的三级干部说:"在部队,俺和他既是老乡,也是最要好的战友。"

后 记

年纪一大，眼前的事渐渐模糊，而过去的事却越来越清晰。小时候，每到清明时节，学校都会组织学生去给烈士扫墓，大家齐声朗诵伟人的语录："……成千成万的先烈，为了人民的利益，在我们的前头英勇地牺牲了，让我们高举起他们的旗帜，踏着他们的血迹前进吧！……"可是有的人不但没有踏着烈士的血迹前进，反而后退了。

离墓地不远处，有个低矮的茅草屋，里面住着一个从朝鲜战场回来的志愿军战士。当我第一次见到他的时候，心里有怪怪的感觉：他不是最可爱的人吗？怎么会住在这里呢？后来听大人们讲，他在朝鲜战场上被美国鬼子逮着了，又给放了回来。回到家乡后，生产队就叫他住在这里，照看烈士墓……

有一年冬天，这人在没有几个人的小集市上卖几条小鱼。有人嘀咕着："这么冷的天，怎么逮到的？"他白了对方一眼，反复嘟囔道："有朝鲜冷吗？有朝鲜冷吗？……"后来又断断续续听到关于他的一些故事。当时听了也就听了，过眼云烟，没当一回事。现在想想，少年时的那段记忆还是很深刻的，好难忘怀！

还有那些上世纪五十年代末六十年代初的事情，也是从大人们嘴里听到的。从接受的教育上知道是"天灾"，可从人们讲得来看，却感觉都是"人祸"。查了一些资料，也没有找到那几年到底发生了哪些"天灾"，并且会持续时间那么长，也没有看到人们是怎样和"天灾"作斗争的。好在那几年人们挺了过来，新的生机才得以出现。

在被俘的志愿军人员中，一部分选择回祖国大陆，一部分选择去了海峡对面。他们以后的结果却是很大的不同，甚至可以说是天壤之别，这不能不令人感慨。

大雪可以无痕，历史不可虚假，更不能虚无。

这本书的完成，得到了殷高高先生的热切帮助和指导，他不但悉心地修改和校对，还在繁忙的事务中给本书作序，对此我深表谢意！

2016 年 10 月 20 日

www.ingramcontent.com/pod-product-compliance
Lightning Source LLC
Chambersburg PA
CBHW050434240426
43661CB00055B/2378